名师工程

新课程·新理念·新教学

国际教育视野系列

丛书编委会主任：马立 宋乃庆

U0600613

李润华 ⊙ 著

行走在日本
基础教育第一线

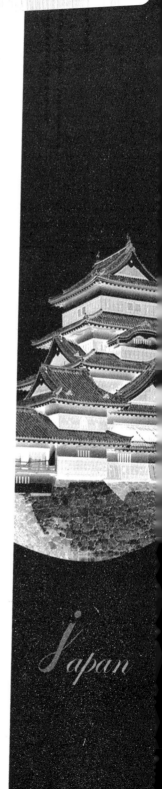

 西南师范大学 出版社

国家一级出版社 全国百佳图书出版单位

图书在版编目(CIP)数据

行走在日本基础教育第一线/李润华著. —重庆：
西南师范大学出版社，2014.7
（国际教育大视野丛书）
ISBN 978-7-5621-6840-9

Ⅰ. ①行… Ⅱ. ①李… Ⅲ. ①基础教育－研究－日本
Ⅳ. ①G639.313

中国版本图书馆 CIP 数据核字（2014）第 171757 号

名师工程系列丛书
编委会主任：马立　宋乃庆
总　策　划：周安平
策　　　划：李远毅　卢　旭　郑持军　郭德军

行走在日本基础教育第一线
李润华　著

责任编辑：雷　刚
封面设计：仅仅视觉·王　冲
出版发行：西南师范大学出版社
　　　　　地址：重庆市北碚区天生路 1 号
　　　　　邮编：400715　市场营销部电话：023-68868624
　　　　　http://www.xscbs.com
经　　销：新华书店
排　　版：重庆大雅数码有限公司·张　艳
印　　刷：香河利华文化发展有限公司
开　　本：787mm×1092mm　1/16
印　　张：11.25
字　　数：211 千字
版　　次：2015 年 5 月　第 1 版
印　　次：2018 年 11 月　第 2 次
书　　号：ISBN 978-7-5621-6840-9

定　　价：30.00 元

《名师工程》
系列丛书

《名师工程》系列丛书

征 稿 启 事

　　《名师工程》系列丛书是西南师范大学出版社策划、组织出版的大型系列教育丛书。丛书以新课程下的新教学为背景，以促进施教者的教育能力为落脚点，以提高教育质量、提升教师水平为宗旨。

　　丛书首批推出的"名师讲述""教学提升""教学新突破""高中新课程""教师成长""大师讲坛""教育细节""创新语文教学""教育管理力""教师修炼""创新数学教学""教育通识""教育心理""创新课堂""思想者""名师名课""幼师提升""优化教学""教研提升""名校长核心思想""名校工程""高效课堂""创新班主任""教育探索者"等系列，共170多个品种，其余系列也将陆续出版。为了让广大教师有一个交流、借鉴的机会，同时也为了给广大教师提供更多、更好的图书，《名师工程》系列丛书编辑出版委员会特向全国教育工作者征集稿件。

稿件要求：

1. 主题鲜明、新颖，有独创性。
2. 主题以提升教育能力为主，也可适当外延。
3. 主题要有一定规模、有典型案例支撑。
4. 案例要贴近教育实际，操作性强。
5. 文章、书稿结构清晰，语言精彩。

　　书稿作者在选题确定之后，请及时与我们做好沟通，具体事宜确定好之后再进行创作；也欢迎用已经完稿的稿件投稿。一线教师如希望参与图书案例的创作，可联系我社策划机构，由策划机构备案，在适合的图书中参与创作。

　　真诚欢迎各位教师踊跃投稿。

联系方式：

西南师范大学出版社高教分社

电话：023—68254356　　　E—mail：zcj@swu. cn

西南师范大学出版社高教分社北京策划部

电话：010—68403096

E—mail：guodejun1973@163. com

编者的话

当前，以人为本的教育理念正在逐步深化，素质教育以及基础教育课程改革不断推进。在这场深刻又艰苦的教育改革中，涌现了无数甘为人梯、乐于奉献的优秀教师。他们积极探索、更新观念、敢于创新、善于改革，在实践中创造性地发展、总结了很多先进的教育思想、教育理念；创造性地开发了很多新的教学模式、教学内容和教学方法。这些新思想、新模式、新方法在实践中极大地提高了教学质量，是教育改革实践中的新内涵和宝贵财富。这些优秀教师就是我们的名师，这些新内涵就是名师的核心教育力。整理、总结、发展、推广这些教育新内涵，是深化教育改革、完善教育体制、提高教育质量、提升教师水平的一件大事。

教育，是民族振兴的基石；教师，是教育发展的根基。

胡锦涛在全国优秀教师代表座谈会上指出："教师是人类文明的传承者。推动教育事业又好又快发展，培养高素质人才，教师是关键。没有高水平的教师队伍，就没有高质量的教育。"十七大报告又进一步强调了必须加强教师队伍建设，不断提高教师的素质。当今世界，社会进步一日千里，科技发展日新月异，知识更新的周期越来越短。教师作为"文明的传承者"更要与时俱进，刻苦钻研、奋发进取，尽快提升自身素质和能力，为推动教育事业的健康发展贡献自己的力量。

基于以上，西南师范大学出版社策划、组织出版了大型系列教育丛书——《名师工程》。希望通过总结名师的创新经验、先进理念，宣传名师的核心教育力，为广大教师职业生涯提供精神源泉和实践动力，在教育实践层面切实推动从教者职业素养的提升。通过《名师工程》实现"打造名师的工程"。

丛书在策划、创作过程中力求实现以下特色：

一、理念创新，体现教育的人本精神

教师角色在以人为本的教育理念下发生了重大的变化，教师的素质和能力也面临更高的要求。如何弘扬、培植学生的主体性、增强学生的主体意识、发展学生的主体能力、塑造学生的主体人格等问题成为教师在目前教育中亟待解决的难题。丛书以教育管理者和教师为主要读者对象，通过教师综合素质的提高而将人本教育的思想落实到教育实践中，真正实现教育培养人、塑造人、发展人的本质要求。

二、全面构建，系统提升教师的教育能力

丛书选题的最大特点就是系统、全面地针对教师教育能力的提升而展开。施教者的能力决定教育的效果，教育改革的落实、教育效果的提高无不体现在教师身上。丛书针对不同教育能力、不同教学要求、不同教育对象，有针对性地设置选题。棘手学生、课堂切入、引导艺术、班主任的教导力、互动艺术、课堂效率、心灵教育等等，这些鲜明的主题从教育的细节出发，从教育实际情况出发，有针对性地解决问题，让教师在阅读中学有所指、读有所获。

三、科学权威，体现教育的时代前沿性

丛书邀请全国各地著名的教育工作者执笔，汇集在教育改革与实践中涌现的先进理念、成果和方法，经过专家认真遴选、评点总结而成，代表了目前教育实践中先进的教育生产力，具有时代前沿性，是广大一线教师学习、借鉴的好素材。

四、注重实践，突出施教的实用价值

丛书采用了通俗的创作方法，把死板的道理鲜活化，把教条的写法改变为以案例为主，分析、评点为辅，把最先进的教育理念和方法融入有趣的情境中。经典的案例，情境式的叙述，流畅的语言，充满感情的评述，发人深省的剖析，娓娓道来、深入浅出，让教师更充分地领会先进、有效的教育方法。

在诸多教育、出版界同仁的支持与努力下，"名师工程"丛书陆续推出了"名师讲述""教学提升""教学新突破""高中新课程""教师成长""大师讲坛""教育细节""创新语文教学""教育管理力""教师修炼""创新数学教学""教育通识""教育心理""创新课堂""思想者""名师名课""幼师提升""优化教学""教研提升""名校长核心思想""名校工程""高效课堂""创新班主任""教育探索者"等系列，共170多个品种，后续图书也将陆续出版。

丛书在出版创作过程中得到各地、各级教育部门与教育工作者的大力支持与帮助，在此一并表示感谢！

教育事业是全社会共同的事业，本丛书的出版一方面希望能对广大教育工作者有所帮助，共飨先进成果；另一方面也是抛砖引玉，希望更多的教育工作者参与到出版创作中来，百家争鸣、百花齐放，为促进教育事业的发展共同努力！

目录
Contents

九年义务教育篇

日本中小学教科书的审定制度

学生根据教科书和其他书籍掌握知识，教科书是学生获取知识的主要源泉之一。

——【苏联】凯洛夫

引言

教科书是一个国家或地区课程改革理念的物质载体，是衡量其基础教育水准的重要标志，教科书质量的高低直接左右着课程改革的成败。有关教科书的编写、审定与选用，许多国家都建立了相对完备的制度。教科书制度是公共教育制度的一个有机组成部分。政府通过行政干预和控制教科书的编撰、审定、选用、出版发行，以保证公民平等地享有公共教育资源，并保证基础教育的水准。教科书制度因各个国家或地区不同的政治、经济、文化等而有所区别，但是通过对主要国家教科书制度的比较分析，我们可以发现世界教科书制度的共同发展趋势。

2001年，随着教育部《中小学教材编写审定管理暂行办法》的颁布，我国的教科书统编格局被彻底打破，"一纲多本""多纲多本"的"审定制"正式取代了"一纲一本"的"国定制"。这种教科书制度转型能否取得成功，直接关系到新一轮课程改革的成败。然而，如何确保教科书多样化改革工作的顺利实施，我国还缺乏足够的经验。从世界范围来看，我国和日本是两个主要实施教材审定制度，并由国家教育行政机构统一管理的国家。虽然社会制度不同，但中日两国文化具有一定的同质性，在教科书制度上也存在许多相同之处。为了提高我国教科书的编写和出版质量，推进我国新一轮基础教育课程改革，我们应该借鉴别国尤其是日本教科书制度的经验和教训，探索出适应我国国情的教科书制度。

理论阐述

日本现行教科书审定制是建立在废除"二战"前教科书国定制的基础上的,它取消了国家对教科书的严格统编。日本现行教科书制度的基本内容主要包括教科书的编撰(教科书发行者)、审定(文部科学大臣)、选择和使用(教育委员会或校长)、出版(出版社)、发行(教科书发行者)、无偿供给(儿童和学生)、教科书审定与选用周期(四年)等。教科书的编撰、审定、选用、出版、发行等各环节互相分离,并有严格的法律法规做保障。日本教科书的编撰、审定与选用制度比较繁琐,实行的是民间申请编撰,国家审定版本,地方自由选择的制度。

日本中小学教科书的编撰

文部省 1948 年颁布的《关于教科书发行的临时措施》第二条规定:所谓教科书,是小学、初中、高中以及与其同级的其他各类学校中所使用的教学用图书,一种是经由文部科学省审定的教科书,一种是以文部科学省的名义编写的教科书。在现行教科书制度下,日本义务教育阶段的教科书主要是以民间教科书出版社组织编写的为主,由文部科学省编撰的教材只占少数。文部科学省主要负责编写高中阶段的一些职业学科和盲、聋等特殊学校所需的教科书。

据文部科学省 2013 年 3 月的统计数据,日本有 56 家专门出版教科书的民间出版社。

有教科书编写意愿的出版社首先要向文部科学省提交申请,资格审查通过后,各出版社再根据文部科学省颁布的《小学学习指导要领》《初中学习指导要领》和《教学用图书审定标准》,自发组织编写委员会研究和编写教科书,经过多方讨论、编辑加工等环节完成教科书编写后,送交文部科学大臣审定。这种教科书的编写制度造就了一批专门编写、制作和出版教科书的高水准的出版企业。

此外,日本现行教科书制度在促使各教科书出版社竞争的同时,还要为教科书质量的改善、编写的创新而携手合作,谋求共同发展。日本民间设有三家与教科书制度有关的法人机构,即:一般社团法人教科书协会、一般社团法人全国教科书供给协会和公益财团法人教科书研究中心。其中,公益财团法人教科书研究中心成立于 1976 年,其附属设施还包括一个收藏了世界各国教科书和教科书研究成果的教科书图书馆。该中心近年来对世界各地教科书进行了全面的调查和比较研究,发表了大量有关教科书的研究成果。所有成为该中心正式会员的民间教科书出版社都可以共享图书馆所藏的相关文献资料和研究成果。

日本中小学教科书的审定

实行教科书审定制度的目的在于确保教科书内容的准确性、完整性。教科书审查制度的合理与否直接影响到教科书质量的高低。开放的教科书编写和出版制度必然要求建立严密而公正的审查或认定制度,如此才能保证教科书的编写和出版质量。同时,审查工作还必须依据一套法律程序严格进行,并受到公众的监督,以确保审查的公正性。在日本,教科书的编写和选用是相对开放和自由的,而教科书的审定则相当严格。日本中小学教科书审定的修正权与裁决权都归属文部科学大臣所有。

日本中小学教科书审定的具体流程如下:首先,出版社向文部科学省提出审查申请,并提交教科书原稿。文部科学省不仅要将受理的原稿交给教科书调查官进行内容核查,还要交给文部科学省特设机构——教科用图书审定调查审议会审议;接着,审议会根据《教学用图书审定标准》,判断该教科书适用与否后,向文部科学大臣提交审议报告。文部科学大臣据此得出初步结论;再接着,初步合格后仍需按照修改意见进行修改的,则由出版社修订之后再次提交审查;最后,出版社将付印的教科书样书送交审查。综上所述,一本教科书的审定通常需要经过对原稿(一审)、校对稿(二审)、样书(三审)三个阶段的审查。其中最重要也是最关键的是第一阶段的原稿审定。一般来说,日本中小学教科书的审定周期为四年一次。

日本实行教科书审定制度,一方面是为了动员民间出版社参与自由竞争,不断地提高教科书的质量,促进教材多样化建设;另一方面又由文部科学省根据法定程序来对民间出版社编写的教科书进行审定,保证教科书的质量,使国家的教育方针得以贯彻、实施。但是,日本教科书审定制度也存在着不少问题。由于日本教科书审定过度地受到国家政治的影响,导致其客观性、公正性受到社会各界质疑。例如,由"新历史教科书编撰会"编写、扶桑社送审的美化日本侵略战争、歪曲篡改历史事实的初中《新历史教科书》在 2006 年第二次顺利通过合格审定。另外,教科书审定标准过于繁杂,缺乏弹性和灵活性,成为禁锢教科书发挥独创性、张扬个性的"瓶颈"。教科书审定权不在由公选产生的地方教育委员会手中,而是由中央教育行政部门把持,且必须按照文部科学省的修改意见进行教科书原稿的修改,不能拒绝或反对,这些都表明了日本教科书审定制的民主是具有有限性的。另外,文部科学省虽然自1991年起对教科书申报出版社及审定意见概要都实施了信息公开,但是有关教科书的审定资料和记录

却不包含在信息公开的范围内,缺乏必要的公正性和透明度。①

拓展阅读

　　根据日本公益财团法人教科书研究中心的调查,世界主要国家基础教育阶段的教科书制度主要分为以下三种类型:国定制、审定制和自由制。(1)国定制是指由国家或地区教育行政部门采取有计划的行政方式,专门组织人力进行教科书的编写工作,并指定专门的出版机构出版发行,指定全国的学校统一采用的教科书制度。其代表国家有韩国、泰国、伊朗、马来西亚等。(2)审定制又称编审制,指民间出版机构自发组织编写的教科书须经国家或地区教育行政部门审查批准后,方可出版发行,供学校采用。代表国家有中国、日本、德国、挪威等。(3)自由制是指国家或地区教育行政部门对于教科书的编写、出版发行、采用等不予控制、不加干涉,完全由民间自发组织进行,学校在教科书的采用上有绝对的自主权。代表国家有美国、英国、法国、澳大利亚、芬兰等。

　　在2001年之前,我国教科书制度一直实行"国定制",虽然自20世纪80年代中后期以来,我国教科书制度就开始由"国定制"向"审定制"过渡,但是,一直到2001年我国基础教育教科书由人民教育出版社统一编写的制度才被彻底废除。

日本中小学教科书的选用

　　日本《学校教育法》规定,小学、初中、高中等义务教育阶段的各种学校的所有学生都有使用教科书的义务,并且都必须使用通过文部科学大臣审定合格的教科书。无论是公立学校、国立学校,还是私立学校,都绝对不能使用未经审定合格的教科书。义务教育阶段各学校的教科书选用只能在通过审定合格的教科书的范围中进行。日本对高中教科书的选用权限并没有具体的法律规定,一般公立高中的教科书选用权属于其主管教育委员会。但是,义务教育阶段学校的教科书选用则必须依照《关于实施义务教育诸学校教学用书无偿供给的法律》(1962)(以下简称《无偿措施法》)来进行。《无偿措施法》规定:义务教育阶段公立学校教科书选用权在设置、管理公立学校的市町村和都道府县教委,国立和私立学校教科书选用权在校长。另外,东京都的特别行政区区立学校使用

---

①王向红,康长运.日本教科书制度的现状、问题与发展趋势[J].外国教育研究,2010,(2):54.

的教科书,选用权属于都教育委员会。

教科书的选用遵照区域统一的原则,即以市区或郡区为单位,或以市郡组成的区域为单位。日本私立学校的教科书由学校自行选择采用,公立小学和初中的教科书由市町村教育委员会根据国家公布的审定合格教科书目录,并通过对本地区教育状况的调查,选定该地区统一使用的教科书。各级教委选定教科书后上报文部科学省,文部科学省根据报表向出版社订购。出版社直接销售教科书或在普通的书店里销售教科书,都是非法的。原则上,一个城市只有一个教科书供应点,只有在那里可以买到零售的教科书。

日本义务教育阶段教科书选用步骤具体如下:(1)教科书出版发行者向文部科学大臣提交已经审定合格的各学科、各年级的教科书书目,文部科学省把根据书目制定出来的教科书目录以及出版发行者提出的教科书编辑方针等有关资料,通过都道府县教委下发到市町村教委和各学校。只有列入目录中的教科书才有可能被采用。(2)出版发行者把下一年度发行的教科书样本提供给各教委和国立、私立学校的校长。(3)都道府县各级教委为了指导、建议和帮助市町村教委和有关校长的选用工作,设置教科书选定审议会对有关教科书进行调查和研究。各级教委根据审议会的调查研究结果制作相应资料,提供给市町村教委和有关校长。各级教委还必须在每年 6 月至 7 月间在所管辖地区的教科书中心举行教科书展示会。(4)市町村教委除了参考都道府县教委提供的选定资料外,也必须委托调查员进行独立自主的调查研究,然后按照学科、年级分门别类地进行选择,最后决定在每学科采用一种教科书,这一工作必须在使用年度前一年的 8 月 15 日之前完成。义务教育阶段各学校的教科书选用工作实际上是每四年进行一次,这和文部科学省每每四年审定一次义务教育教科书是一致的。(5)虽然市町村立初中、小学的教科书选用权限在市町村教委,但是根据《关于实施义务教育诸学校教学用书无偿供给的法律》要以市郡及包括市郡的地域(或者东京的特别区和政令指定城市)作为一个选用地区的条文,在这个选用地区内所有的公立学校的每个年级、每个学科都要采用同样的教科书,因此日本义务教育阶段公立学校教科书的选用制度又被称为"广域地区选用制度"。都道府县教委可以按照自然、经济和文化等条件来划分教科书选用地区。(6)市町村的教委和国立、私立的初中小学校长要把所选中的教科书种类和本地区、本校所需要的教科书数目,上报都道府县的教委,都道府县的教育委员再向文部科学大臣汇报。文部科学大臣根据这些数据,向教科书出版社下订单。教科书出版社一旦接到文部科学大臣的订单,就有了义务,必须在指定的时间内把教科书准时送到学生们的手中。①

这一套严谨和复杂的教科书选用制度有不少的优点,比如能保证价格合理的教科书供应迅速,便于在同一地区的各所学校之间展开教学研究,互相观摩听课,学生转学方便等。但是由于教科书的具体选用基本上都是以教育委员会或者教科书选用审议会(协议会)的决定为主,在许多地区作为教科书使用者的教学第一线教师的意见有时则难以反映出来;选用审议很多是密室操作,资料和会议记录多数不公开,比较多地反映了行政机关的意向,给某些有权势的人物及少数大出版社开展幕后活动提供了方便,其缺陷也遭到了一些有识之士和学者、日本教育学会、出版工会组织等团体的批判。②

日本中小学教科书的出版、发行和无偿供应

教科书的出版社接到文部科学大臣下发的可以正式印刷的教科书种类和数量后,就要履行按时提供教科书的义务。对于未能履行义务的出版社,三年内取消其出版教科书的资格。日本教科书的价格须由文部大臣批准,因此教科书的价格非常低廉。③

日本在九年义务教育阶段的学校实行教科书无偿供应制度,教科书的费用由中央政府和地方政府共同承担。为保障义务教育教科书无偿供给制度的顺利实施,日本文部省先后颁布了《关于实施义务教育诸学校教学用书无偿供给的法律》(1962)、《关于实施义务教育诸学校教学用书无偿供给措施的法律》(1963)、《关于实施义务教育诸学校教学用书无偿供给的法律执行令》(1964),以及《关于实施义务教育诸学校教学用书无偿供给法律的实施规则》(1964)等一系列法律及相配套的实施办法和实施规则。其中,《关于实施义务教育诸学校教学用书无偿供给措施的法律》(1963)的第三条规定:"被选中的教科书,由国家负责购入后,免费发给义务教育阶段的学校设置者。"另外,该法第五条规定:"义务教育阶段学校设置者根据第三条的规定,在接到发放的教科书后,应立即通知各校校长,将书发给学生。"这一流程明确规定义务教育学校所用的教科书费用,全部由国家承担。义务教育阶段采用教科书无偿发放制度是真正实现教育义务化、平等化的标志,此举不仅符合义务教育的理想,而且有利于提高教科书的编写和出版质量。

---

①张光华,曾主陶.日本教材出版与发行——日本义务教育教科书考察记[J].出版广角,2001(6):36.

②刘琪.日本义务教育教科书选用制度和2002年度初中历史教科书的选用战[J].全球教育展望,2002,(10):77.

③杨妍梅.日本教科书制度及其启示[J].教育科学,2003,(2):33.

典型案例

自战后初期确立以来,日本政府先后分三次对中小学教科书审定制进行了不同程度的修改,并在历次修改过程中以"简化""公正"为名,不断加强政府在教科书审定制中的行政权力和思想控制。这正是战后以来日本历史教科书问题的制度性根源。日本历史教科书的篡改问题始于1951年,至21世纪初期,日本国内共经历了三次大规模的篡改与反篡改斗争。由于篡改历史势力在日本国会,特别是政权中枢中占据统治地位,使得右翼政治家频频在历史问题上"失言",公然挑衅中国、韩国等亚洲国家。另外,来自教育第一线的右翼学者的加盟,以《产经新闻》为代表的右翼媒体联盟误导社会舆论,以寄恐吓信、用宣传车高音喇叭骚扰为生的"街头右翼"团体的存在,产业界代表成为篡改势力的经济支柱等因素,都强有力地推动了历史教科书篡改攻势。

据日本多家媒体2014年1月11日报道,日本文部科学省基本决定在初中和高中的教科书编写指南《学习指导要领解说书》中写明钓鱼岛与竹岛(韩国称"独岛")为"日本固有领土"。在日本现行解说书中,初中社会科提及日、韩两国针对竹岛的不同主张,而在高中地理历史科中,仅有"依据初中学习的知识"的表述,钓鱼岛在初高中科目中皆无记载。文部科学省要求初中社会科、高中地理历史科和公民科均明确记载钓鱼岛和竹岛是"日本固有领土",具体内容须符合竹岛被韩国非法占领、钓鱼岛不存在领土争议的政府见解。文部科学省为赶上2014年度的初中教科书审查,计划1月修改教科书审查标准,要求表述均以政府见解为准。《学习指导要领解说书》是编写教科书以及教师在课堂教学时的指南。《读卖新闻》2014年1月11日称,文部科学省将于近日修改解说书,将在2016年度开始使用的教科书中得到体现。解说书一般每十年修订一次,现行解说书的初中版于2008年公布,高中版于2009年公布,中途修改实属罕见。解说书虽然不具备法律约束力,但会成为教科书相关公司编写教科书以及老师授课的指南。日本媒体担心,在因安倍晋三参拜靖国神社导致日本与中、韩等邻国关系恶化的时刻,日本此举无异于火上浇油,必然导致与中、韩关系进一步恶化,日本政府内部也有人持慎重意见。长期从事日本教科书问题研究的琉球大学名誉教授高岛伸欣表示,中途修改"解说书"需要大地震、核事故等客观、合理的对教育产生影响的突发事件作为必要条件。从这一点来说,在教科书中明确记载"钓鱼岛与竹岛是日本固有领土"的修改,并不具备必要条件。该行为是安倍"让日本看起来是强国"这一意图在教育上的露骨表现,反映了安倍试图通过领土问题来刺激、挑衅邻国的意图。这也证明了安倍经常挂在嘴边的"积极和平主义"其实是"挑衅和平主义"。"继承与发展村山谈话会"理事长藤田高景说,修改"解说书"是安倍内阁向此前一直就主张在领土问题上"鲜明"进行表述的右派议员的诌媚。因为 2013 年年底安倍参拜靖国神社的行为招致中、韩、美等各国的强烈批判。目前日本与邻国的关系日益紧张,此次文部科学省的举动将会使得日本与邻国的关系进一步恶化,不得不说这是非常愚蠢的行为。①

反思与启示

教科书的编写、审定、出版、发行、选用中的任何一项工作都会影响到教科书质量的提高以及课程教学改革的成功。与日本的教科书制度相比,我国的教科书制度需要完善的地方还有许多。日本教科书制度实施的经验与教训也值得我们参考借鉴。

一、教科书编写与出版制度方面的启示

2001 年,我国教育部实施"简政放权",将中小学教科书编写与出版权下放地方。至今,已有近百家出版社参与到义务教育国家课程教材编写工作中来。竞争机制的引入固然有利于提高教科书质量,实现教科书的多样化,但也出现了不少问题。如,一部分出版社缺少专门编写、制作以及研究教科书的人员,又没有对学生的知识结构和需求进行深入的调查研究,导致编写的教科书不适于中小学生的学习;教科书审定制实施以来,教材腐败案频发,出版社之间不正当竞争行为层出不穷等。借鉴日本的经验,我们应该充分发挥从事课程教材研究专业机构的功能,为全国教科书出版业提供基础研究资料和国内外学术动态等相关信息。同时,鼓励教科书出版业成立全国性教科书出版公共组织,制定行规行约或道德准则来真正发挥约束作用,营造一个良性竞争的环境。

二、教科书审查和选用制度方面的启示

日本中小学教科书的审定十分严格,审定规则限制过细、管得过死,不利于教科书编者及出版社发挥积极性和创造性。有鉴于此,教育部中小学教材审定

---

①刘军国,万宇,吴成良.日本再拿教科书挑衅邻国[N].人民日报,2014-01-12.

委员会办公室、全国中小学教材审定委员会等机构,应该在深入研究中小学教科书的基础上,制定一套科学、公正、系统、全面的教科书审查标准和选用标准,加强法制建设,使教材的审定和选用工作有章可循、有法可依。同时,还要使教科书审查工作最大限度地公开化,为社会各界了解教科书及其审定结果创设网络平台,提高教科书审查和选用的透明度。地方教育行政部门应依据国家级教育行政部门制定的国家中小学教材选用标准,参考教材审查委员会提供的教材评价意见,结合本地区的地域特点、办学条件、师资水平以及学生的实际情况,最后选择出适合本地区学校使用的教材版本。在教科书选用过程中,要接受社会监督,避免选用权过于集中在少数人手里,让更多的人,特别是教育第一线的教师参与研究和选用教科书。

三、教科书供应制度方面的启示

日本在教科书供应方面采取了义务教育阶段的无偿供给制度,在避免行业寻租及地方保护主义,堵住非正常图书发行渠道等方面发挥了积极的作用。结合我国的实际国情,中央政府逐步改革教科书的有偿使用制度,并从 2007 年秋季学期开始,对全国农村地区义务教育阶段学生全部免费提供国家规定的课程教科书。从 2008 年春季学期开始,建立了部分国家课程教科书的循环使用制度。为切实发挥政府在教科书供应制度中的主导性作用,我国政府还须进一步地加强对中小学教科书供应制度的参与力度,根据各地区经济发展程度的不同,由各地方政府制定符合当地情况的政策并落实实施。

中小学教师定期轮岗制度与教育公平

要全面推进义务教育均衡发展,多措并举加强薄弱学校的建设,着力缩小校际差距,实现县(区)域内校长交流的制度化、常态化,以达到师资资源的均衡配置。

——袁贵仁

引言

均衡发展是义务教育的战略性任务,亦成为教育现代化的重要标志。在我国义务教育的发展过程中,城乡、区域之间发展差距较大,区域内学校资源配置不均衡、优质教育资源短缺、辐射面窄等始终是影响义务教育均衡发展的突出问题。其中,义务教育阶段的校际差异是我国长期以来实行非均衡化的保重点政策的产物,已成为一种客观现实。义务教育阶段的校际差距主要表现在教育经费、办学条件和师资水平等方面。为了"切实缩小校际差距,着力解决择校问题",必须要从各个层面和方面提出解决的途径。其中,加强教师队伍建设,均衡配置校长和教师资源,"实行县(区)域内教师和校长交流制度",以促进教师和校长向农村学校、薄弱学校流动,建立健全义务教育学校教师和校长流动机制是重中之重。

很多国家都将"教师定期轮岗"作为推进义务教育均衡发展和促进教育公平的重要措施。所谓"教师轮岗制",是指各级教育行政部门对所属区域内的教师有计划地进行组织,在不同学校开展定期或不定期的交流任教,通过推进义务教育阶段教师的合理有序流动来实现义务教育均衡发展的一种制度设计。例如,日本教育法规定公立中小学教师每4到5年必须更换一次任职的学校,这种流动轮岗一般是在同一个县(相当于我国的省)或者市内进行。教师的工资待遇不因调换学校而改变。日本通过实行教师定期轮岗所产生的"鲶鱼效应"保证了基础教育校际师资力量、教育水平和管理水平的相对均衡,促进了社会教育公平的实现。

理论阐述

有计划、分步骤地实施义务教育的均衡发展的首要任务是缩小区域间、城乡间、区域内校际办学条件和师资力量的差距,扩大优质教育资源,满足人们对优质教育资源的需求。教师素质的高低直接影响着教育教学的质量以及学生的发展水平。因而,如何合理配置师资是教育资源均衡配置的一个重要方面。为此,日本采取了一系列的措施来实现城乡教师资源的均衡配置。例如,日本法律规定:一个教师在同一所学校连续工作不得超过五年;校长任期两年,连任者需在学校之间轮换。日本教师定期轮岗制在促进教师素质的提高、合理配置人力资源、保持校际教育教学均衡发展、实现教育公平等方面起到了重要的作用,是一个比较成熟而且能够实现教师资源均衡配置的方法。

日本的教师定期轮岗制度始于"二战"后初期,主要在公立基础教育学校(小学、初中、高中,及聋、盲、弱智等特殊教育学校)范围内实施。日本的基础教育机构根据运营母体的种类和归属关系的不同,可以划分为国立、公立(都立、道立、府立、县立及市立)和私立(学校法人经营的学校)三大类,其中公立学校占绝大多数。文部科学省公布的 2011 年度《学校基本调查》统计数据显示,日本现有小学 21 721 所,其中国立 74 所,约占学校总数的 0.34%;公立 21 431 所,约占学校总数的 98.7%;私立 216 所,约占学校总数的 0.99%。初中 10 751 所,其中国立 73 所,约占学校总数的 0.68%;公立 9915 所,约占学校总数的 92.2%;私立 763 所,约占学校总数的 7.10%。高中 5060 所,其中国立 15 所,约占学校总数的 0.30%;公立 3724 所,约占学校总数的 73.6%;私立 1321 所,约占学校总数的 26.1%。[①]

定期轮岗制实施之初,公立基础学校的人事管理权限在市、街区、村一级的教育主管部门。其管辖范围很小,教师的交流难于推动,效果也不甚理想。20世纪 50 年代中期以后,随着新的法律《关于地方教育行政组织及营运的法律》出台,取代了旧的《教育委员会法》,教师的人事管理权限集中到了县一级教育主管部门,此项工作得以逐步推行,到 20 世纪 60 年代初教师定期轮岗已趋于完善,并形成制度。

---

① 学校基本調查－平成 22 年度(速報)結果の概要(初等中等教育機関、専修学校・各種学校)[EB/OL].http://www.mext.go.jp/b_menu/toukei/chousa01/kihon/kekka/k_detail/1296403.htm.

日本政府把教师纳入公务员队伍进行管理,由国家(地方政府)确保其工资及相关待遇。所有中小学校均实行统一的教师工资标准和待遇,对在农村工作的教师发放乡村教师津贴。日本的公立中小学教师属于地方公务员,其定期轮岗属于公务员人事调动范畴。

按照文部科学省的要求,在中小学实行教师定期流动的目的主要有三个方面:一是通过教师在岗位和学校间的动态流动,不断提高其工作热情和创新能力,积累丰富多样的教育经验;二是保证基础教育人才资源的合理配置,保持校际教育水平的均衡;三是打破封闭状态,保证学校办学始终充满活力。

日本的教师定期轮岗制具有政府直接主导、参与和调控等突出特点。政府制定教师定期轮岗的政策,设立教师定期轮岗的实施程序,还制订相应的配套措施,形成完善的制度。有关教师的定期轮岗,日本各都、道、府、县的政策大致相同。如人事调动及审批权限、基本原则及年限的规定、流动至偏僻地区学校的有关优惠政策等。具体而言,日本教师定期轮岗制的主要实施细则如下①:

一、参与轮岗的对象

日本各都、道、府、县对参与定期轮岗的对象都有明确的规定。以东京都为例,其《实施纲要》规定,定期轮岗的对象分为以下几种情况:(1)凡在一校连续任教 10 年以上以及新任教师连续任教 6 年以上者;(2)为解决定员超编而有必要轮岗者;(3)在市、町、村范围内的学校与学校之间,如教师队伍在结构上(专业、年龄、资格、男女比例等)不尽合理,有必要调整而轮岗者。另外,《实施纲要》对不应轮岗者也做出了相应规定,如任期不满 3 年的教师、57 岁以上 60 岁未满的教师、妊娠或产休假期间的教师、长期缺勤的教师等。

二、轮岗的程序

每年的 11 月上旬,由县一级教育委员会发布教师定期轮岗的实施要领,内容包括轮岗地域、地区的指定及一些原则、要求等。具备轮岗条件的教师需要填写一份调查表,其中包括轮岗的意向。然后,由校长充分尊重教师本人意愿并与之商谈后确定人选,并报上一级主管部门审核。最后,由县(都、道、府)教育委员会教育委员长批准,到翌年 4 月新学期前全部到位。总体上,教师人事组织管理工作是由教育委员会负责的,当教师职位出现空缺时,都、道、府、县教

---

①彭新实.日本的教师培训和教师定期流动[J].外国教育研究,2000,(10):49-52.

育委员会可通过聘任、晋升、降级、调转等多种方式对教师进行重新任命。校长则由教育委员长直接任命换岗,本人亦可以提出申请。

三、轮岗的地域及年限

教师定期轮岗按地域可以分为两种情况,一是在同一市、町、村之间的轮岗,二是跨县一级行政区域的轮岗。教师轮岗地域以就近为主,因而前者所占比重较大。由于轮岗都在本地范围内的学校之间进行,教师还可根据自身情况申请目标学校。所以,教师轮换制度并不会对教师的生活带来太大的影响。此外,教师既可以在同级同类学校之间流动,也可以在公立基础教育各类学校之间流动,如从高中流向特殊教育学校,从初中流向小学等。偏僻地区学校同其他地区学校间以及不同类型学校间教师流动的比例大致是平衡的,基本上没有严重失调的现象。文部科学省根据近年来教师的平均流动率推算,全国公立基础教育学校教师平均每 6 年流动一次,多数县的中小学校长一般 3 到 5 年就要换一所学校,每一名校长从上任到退休一般轮岗两次以上。校长的轮换制度有利于教育思想和教育理念的更新,有利于学校的教育改革。从校长到教员的轮岗制,既便利了不同区域之间的教师就教学经验等进行切磋交流,也保证了区域间各中小学教学管理与教学水平的均衡性。由于公立中小学教育质量优良,给国民提供了平等的受教育机会。

四、轮岗至偏僻地区教员的待遇

由于自然条件的差异以及各种社会设施的不足,许多教师都不愿到农村及偏远地区任教。要改变这一状况,必须实行倾斜政策,否则城乡之间的教师素质的差距会越来越大。为此,日本对农村及偏远地区教师实行待遇倾斜政策,以吸引和留住高素质教师。日本的教师属于国家公务员,日本义务教育教职员的工资根据法律规定高于普通公务员,所以在乡村任教的教师其工资待遇和城市的教师相同,绝不会出现低于城市教师的情况。除此之外,日本政府为了吸引和留住偏远地区的教职员工还采取了以下三条措施①。

第一,发放偏远地区教师津贴。《偏僻地区教育振兴法》中规定,市、町、村的任务之一就是"为协助在偏僻地区学校工作的教员及职员的住宅建造和其他

---

① 汪承.日本中小学教师"定期流动"保障机制研究[J].外国中小学教育,2012,(9):35-40.

生活福利,应采取必要措施"。在该法中还专门设有"偏僻地区津贴"一项,其中规定:(政府按偏僻地区等级)对指定的偏僻地区学校或与其相当的学校工作的教员与职员,发放偏僻地区津贴,月津贴额在本人月工资和月扶养津贴总额的25% 以内;当教职员因工作变动或随校搬迁到偏僻地任教时,从变动或搬迁之日起 3 年内,对其发放迁居补贴,月补贴额在本人月工资和月扶养津贴总额的4%以内。此外,还有其他形式的津贴,如寒冷地区津贴、单身赴任津贴等。

第二,充实教职工福利和医疗保险。每年向偏僻地区发放医药品;对偏僻地区学校教师和家属发放"偏僻地区医疗、交通费";对偏僻地区教师配偶中 35岁以上的妇女,实施免费健康检查,在一定期间对偏僻地区工作的教师和配偶发放旅行补助;修建教职工宿舍或给予补助。

第三,因偏僻地区教育状况的特殊性,召开分校经营研究会、复式教学研究会、偏僻地区教育研究会和全国偏僻地区教育研究会时,从这些学校派遣教师;国家给 1/2 的培训经费补贴,补助金额逐年扩大;为解决偏僻地区"有资格教师"不足的问题而建设临时教师培训机构。

拓展阅读

日本是如何通过合理配置资源而实现义务教育均衡发展的? 财政投入的保障、师资力量的均衡化和基础设施的标准化是其制胜"法宝"。为体现义务教育的公共性、普及性和基础性,保障义务教育可持续地均衡发展,日本政府在常规的、必要的教育经费投入方面制定了细致兼具可操作性的政府间义务教育财政转移支付制度。日本现行的义务教育财政转移支付制度具有中央集权与地方分权相结合的特征,义务教育经费在中央,都、道、府、县,市、町、村三级政府间的分担模式属于共同分担模式,各级政府负担了一定比例。日本拥有较为完善的教师定期轮岗制度,以法规的形式确定教师流动的义务性、流动的程序性、流动的定期性、流动者的待遇等,促进和加强了地区之间、城乡之间、学校之间师资力量的均衡发展。所谓基础设施的均衡化,是指义务教育范畴内的学校规划和校舍建设是遵循统一的国家标准建设的。日本政府对所有义务教育学校的设施都给予同样的财政支持,各校的条件、教学设施都已规范化,从而有力地保障了城市与偏远山村、海岛的中小学硬件没什么差别。

日本的教师定期轮岗制度之所以能够顺利实施,除了政府层面的强制性法规外,其实还有赖于严格的教师遴选制度与教师教育制度。日本将有关国立、公立中小学、幼儿园及特殊教育学校(残疾人学校)教师的培养、选拔和培训等方面的政策统称为教师教育制度。教师教育制度是"二战"后从原师范教育制度转变而来的,其最大的变化是从独立的、相对封闭的师范教育体系转变为开放的、所有大学都可以培养教师的体系。教师教育主要是通过"综合型"的教师职前培养阶段(取得教师资格)、录用(选拔录用考试)以及职后培训三个阶段实现的。职前培养阶段主要在教师培养专门机构、综合性大学或者是技术类大学进行。日本从 1949 年起结束了仅仅由师范学校培养教师的历史,实施大学培养教师的开放式体系。但事实上,义务教育阶段的教师大多数还是由教师教育类大学或学院等高等教育机构培养的。国立大学(或系)开设教师培养课程,一般大学也被允许承担培养教师的任务。日本对教师任职资格有严格的国定标准,并且开设有统一的国家审定课程。

在教师的录用方面,日本公立中小学的教师都必须经过县一级教育委员会(相当于我国省一级教育管理机构)等实施的教员选拔考试才能被录用。每年由县一级教育委员会统一向社会发布录用计划,在规定时间统一进行严格的招录考试,最后由县教育委员会决定录用人员。日本的教师录用考试每年举行一次,分为初试和复试。初试有笔试、性格检测或适应性检查与面试。复试要过四关:笔试,主要考查教职方面的专业知识;书写,主要检测应试者的汉字规范程度和书写能力;写作,主要检测教师的即兴命题写作能力;实际技能测试,主要检测教师所学专业课程的实际技能。近年来,由于学生人数减少和教师数量趋于饱和,公立小学、初中和高中等教师聘任人数逐年减少,供需比例现已接近200∶1,并且这种趋势在将来一段时间内不会有根本性的改变。此外,为了获得有丰富生活阅历、具有特别优秀技能或业绩的师资人才,日本正在全面放宽聘任选拔考试的年龄限制和进行特别选拔考试。①

现在,日本还在不断提高教师资格证书的要求,实施教师资格更新。2006年 7 月,日本中央教育审议会咨询报告"关于今后的教师培养·资格证书制度"中指出,改革教师资格证书制度,使之成为贯穿教师整个职业生涯的、保障教师所必要的资质的证书制度,并提出了具体措施。其中规定教师资格证书的有效期限为 10 年,证书持有者必须在证书更新期限前两年内接受 30 小时的资格更新讲习,讲习包括事例研究、教案制作、模拟教学等,且必须是由国家认定的、由大学或教育委员会与大学合作举办的讲习。不能满足更新要求的资格证书将失效。在职教师的资格证书未规定有效期限,但也有义务每 10 年接受同样的

①黄郑,夏金星.日本教师培养制度对我国职教师资培养的启示[J].科教文汇,2009,(4):14.

讲习,不能结业者证书失效。①

此外,日本中小学教师职后培训的专业化和标准化程度较高。日本的《教职员法》明确规定,教师必须参加相应的培训,各级教育委员会必须为教师的进修提供机会和相应的保障。县教委负责三种教师的培训,即新任教师、任职 5 年的教师和任职 10 年的教师的培训,市、町、村和学校分别负责其他教师的培训和其他形式的教师培训。如针对小学初任教师的培训,设置了模块化的培训内容,在教育技能培训方面开设了如何和学生做游戏、如何组织班会活动、如何指导学生小组活动、如何辅导学习困难的学生和如何进行家访等培训课程,这些都是一个新任教师所必须掌握的、基本的、实用的教学技能。

教师定期轮岗制度是日本政府用于调动和调配教职员工的方式。不断更新的教职员为团体增添了新的活力,但是也存在不少实际问题。从教师方面来说,通过轮岗可以接触到新的工作环境,心情焕然一新,从而激起更高的工作热情,为教师更好地投入教学工作打下良好的心理基础。同时,通过轮岗所积累的工作经验可以为教师建立广泛的人际关系,有利于提高教师的适应能力,丰富其教学经验。但是,轮岗同时也是对教职员的巨大考验,因为他们有可能被安排到自己不想去的地方。有很大一部分日本人对于更换新环境会感到不安,对新的人际关系无所适从,甚至有人因此感到压力很大。不光是精神上,生活上的实际问题也在所难免。日本教师轮岗多集中在 25—30 岁的年龄阶段,都、道、府、县教委在决策时往往优先考虑未婚教职员,年轻教师调动频繁容易造成找对象难,进而导致教职员工晚婚晚育,甚至出现"少子化"现象。对于已婚教职员轮岗也是巨大的考验,其家人必须面临人生地不熟的难题,迁居、孩子入学等手续和费用也不少。考虑到子女的教育问题,不得已而单身赴任的情况也相当普遍。从学生方面来看,轮岗制度的利远大于弊。都、道、府、县的教育委员会综合其行政区域各地的实际情况,合理调配教职员,从而最大限度避免各地师资不平衡的问题。这对于偏远地区学校的学生具有重大意义。②

轮岗制度虽然会对教职员造成生活上的影响,但是从整体和长远来看是有利于教职员,特别是使学生受益的一项制度。学生能均等地享有教师资源,保证教师队伍始终充满活力,保证"人尽其才,才尽其用"。它为缩小地区间的教育水平差异做出了巨大贡献,同时为日本跻身于教育大国之林提供了坚实保证。

---

①马蕾.日本教师资格制度的历史沿革及其特点[J].外国中小学教育,2009,(11):46-51.
②陈芳.日本高中教师"转勤"制度的利弊分析[J].和田师范专科学校学报,2009,(59):48-49.

典型案例

根据日本文部科学省 2012 年 3 月 27 日发布的平成二十二年度（2010 年）《学校教员统计调查》数据,2010 年度全国教师定期轮岗的有关情况大致如下[①]:

(1)小学教师人数为 390 844 人,初中教师人数为 232 970 人。2010 年度共有 107 082 名教师实行了流动轮岗,其中小学为 67 319 人,初中为 39 763 人,流动率分别约为 17.2% 和 17.1%。其中,在县内同类学校之间流动轮岗的小学教师为 61 930 人,约占流动教师总数的 92.0%;在县内不同种类学校之间流动的小学教师为 4604 人,约占 6.8%;跨县一级行政区域间流动的小学教师为 785 人,约占 1.2%。在县内同类学校之间流动轮岗的中学教师为 33 502 人,约占流动教师总数的 84.3%;在县内不同种类学校之间流动的中学教师为 5721 人,约占 14.4%;跨县一级行政区域间流动的中学教师为 540 人,约占 1.4%。

(2)高中共有教师 229 848 人（不含"政令指定都市"）,其中有 25 015 名教师实行了流动轮岗,流动率约为 10.9%。在县内同类学校之间流动轮岗的高中教师为 21 871 人,约占流动教师总数的 87.4%;在县内不同种类学校之间流动的高中教师为 2510 人,约占 10.0%;跨县一级行政区域间流动的高中教师为 634 人,约占 2.5%。

从统计情况看,轮岗制保证了教师的大规模流动。小学、初中教师定期轮岗占比重最大,而且近一半以上是在县内同一市、街区、村的同类学校之间流动,占流动教师总数的 88.2%;跨县一级行政区域间流动的教师所占比重较小,仅为 1.3%。上述统计数据每年都相差不大,没有大起大落的现象,说明日本义务教育阶段的教师定期轮岗具有一定的规范性。日本文部科学省根据近年来教师的平均流动率推算得出,国立、公立基础教育学校教师平均每 6 年流动一次,多数县的中小学校长一般 3 到 5 年就要换一所学校,每一名校长从上任到退休一般要流动两次以上。

此外,定期轮岗制还保证了有丰富教学经验的教师的流动。2010 年度,日本小学轮岗教师中年龄在 35—55 岁的教师约占教师总数的 76.6%;初中轮岗教师中年龄在 35—55 岁之间的约占 79.5%;高中轮岗教师中年龄在 35—55 岁之间的

---

① 文部科学省.学校教员统计调查—平成 22 年度（确定值）结果の概要[EB/OL].http://www.mext.go.jp/

约占 71.9％。

随着社会的不断发展,教师为了更好地履行其职责,不能不进行不间断的学习、研修,以适应教育对象的不断变化。并且,在日本,拥有聘任权的都、道、府、县或指定的市教育委员会必须有实施教师进修的计划,进行其进修体系的调整。在支持国家及都、道、府、县进行教师进修的同时,以学校负责人为对象直接实施系列进修。为了提高新任教师的实际业务能力,培养其使命感、责任感,扩展其见识,在最初聘任的一年中实施一边担任班级或学科的教学工作一边进修,即新任教师进修。文部科学省帮助配置新任教师进修的辅导员和讲师,同时还对一部分新任教师进行现场进修。文部科学省对教师的在职培训做出了严格规定:任教 1 年的新教师,一年要有 30 天的研修时间,并且,这种研修,除学习教育理论与教学方法外,还要到社会上一些其他职业岗位上体验生活;任教 5 年以上的,一年中必须有 3 天的研修时间;任教 15 年以上的,一年中必须有两天的研修时间。此外,还有向大学、学院、进修部门及企业等派遣的长期进修生。文部科学省除了支持上述进修之外,还有针对学校负责人,如校长、教导主任以及教学骨干等教职员的中央进修讲座及各种专业进修等项目。

反思与启示

基础教育发展的严重失衡以及其所折射出来的教育公平问题已成为当前我国教育发展中亟待解决的课题。义务教育要均衡化,日本的教师定期轮岗制度是很值得我国借鉴的。借鉴日本教师在同一市、街区、村的学校之间流动的做法,对促进我国区域内校际师资和教育的均衡发展不仅具有现实意义,而且具有较强的可操作性。关于中小学教师的定期流动,近年来在我国部分省市和地区已开始实行,并取得了很好的效果。但是,目前我国义务教育教师定期流动普遍存在失衡性(即流动的单向、上位流动趋势)和无序性等缺陷。借鉴日本的经验,可以从以下几个方面规范和完善我国的教师定期流动制度。

一、推动教师定期轮换流动的制度化、法制化

日本教师定期流动制的成功实施在很大程度上得益于其完备的法律体系和完善的制度。我国要推进教师的合理流动,必须建立一套由政府机构组织和主导的、行之有效的教师定期双向流动制度,并以法规的形式确定教师流动的义务性、流动的定期性和流动者的待遇等。同时,要进行规范化、制度化的操

作,设立专门的监督机构,从根本上改变教师流动的不合理性、单向性和无序性,杜绝暗箱操作,加强监管,促进流动的规范性,提高流动工作的公开性和透明度,以保障教师流动的公平有效。

二、加强对教师定期轮岗制度的宣传,明确教师的责任和义务,逐步转变教师的观念

加强对教师定期轮岗的宣传和动员,规定流动对象的条件及流动的期限,使教师明确自身在教师流动中的权利和义务,增强其对轮岗制度的认识。加强对教师的师德师风教育,提高教师的精神境界,鼓励教师进行定期轮岗。在开展教育教学工作之余,加强教师间的教育研究和交流,开展研讨活动,充分发挥优秀骨干教师的辐射、示范作用,提高教师的整体水平,逐步实施多向定期轮岗。可将现有的对口帮扶支教和教师流动相结合,逐步使教师流动由被动转为主动,使流动成为一种常态。

三、改革教师的人事制度,实行全员合同聘任制和无校籍管理

要实现教师的定期流动,只有将教师的管理权限收回到县(区)教育行政部门统一聘任和管理,由县(区)教育行政部门按需设岗,统一管理人事、工资,统一配置师资,学校之间的师资力量才可能实现相对均衡。同时,在晋级、晋升方面给予弱势学校以政策倾斜,在职称评定、校长选拔时将在城区薄弱学校或农村地区学校有一定年限的工作经历作为必要条件,以加强落后学校的师资建设,促进区域内师资的均衡发展。

四、改革教师薪酬制度,实现同工同酬,出台轮岗教师特殊津贴政策

从某种意义上讲,现阶段我国校际教师收入差距巨大是实施教师定期轮岗的最大障碍。因此,各区域教育行政部门应该统一区域内教育资源的配置,逐步建立一种各校统一的福利待遇标准。同时,还应建立收入平衡机制,提高偏僻地区、薄弱学校教师的待遇,实现重点学校与普通学校,城市与乡村学校同级别教师同工同酬,最终为实现教师合理流动创造条件。此外,为了吸引更多的优秀教师到落后地区和学校任教,以学校的位置、交通、医疗、工作环境确定若干类别,分别按教师职务工资和津贴部分之和的一定比例发放农村教师和薄弱学校教师津贴也是当务之急。

透视日本中小学的个性化教育实践

> 培养教育人和种花木一样,首先要认识花木的特点,区别不同情况加以施肥、浇水和培养教育,这叫"因材施教"。
>
> ——陶行知

引言

个性化教育是 21 世纪教育改革和发展的重要趋势。注重学习者的全面发展与个性发展,已经成为世界各国的广泛共识。早在 20 世纪 70 年代,联合国教科文组织国际教育发展委员会就在《学会生存——教育世界的今天和明天》(1972)研究报告中指出:"教育即解放……教师将来的任务是培养一个人的个性并为他进入现实世界开辟道路……应该把培养人的自我生存能力,促进人的个性的全面和谐发展,作为当代教育的基本宗旨。"1984 年到 1987 年,日本临时教育审议会先后发表了四份审议报告,对学校教育的划一性、刻板性和封闭性进行了强烈的批判,主张实现教育的"自由化""个性化"与"多样化"。1998年,日本大学审议会向文部省提交的《21 世纪的大学与今后的改革对策——在竞争环境中闪耀个性的大学》咨询报告,把发展个性作为未来高等教育改革的基本理念。2006 年,新西兰教育部长发表了《个性化学习:把学生置于教育的中心》的演讲,明确了个性化学习的概念、内涵以及其对教育的重要性。2010年,我国出台的《国家中长期教育改革和发展规划纲要(2010—2020 年)》,旗帜鲜明地提出了全面发展理念,尊重个性选择,鼓励个性发展,要为每个学生提供适合的教育。

纵观数十年来世界各国个性化教育的发展情况,可以看出东西方国家还是存在着显著的差异。西方发达国家多因教育价值取向出现严重功利化的趋势而呼吁个性化,东方国家则因为教育管理体制的统一性、教育教学的同质化现象严重窒息了教育创新的活力而倡导个性化改革。日本的个性化教育改革既立足于本国教育存在的问题,又着眼于世界形势的发展,对当前我国实施的"因材施教"

"人人成才"的素质教育改革的探索实践有着重要的启发与借鉴意义。

理论阐述

在全球教育信息化大浪潮的推动下,重视差异、尊重个性成为世界教育改革与发展的主流。长期以来,日本的高压灌输型教育方式,限制了学生潜能的充分发挥,影响了学生个性的健康发展。20世纪80年代,日本政府把培养人的创新素质、提高人的创新能力作为"二战"后第三次教育改革的主要目标之一,自此日本的个性化教育开始步入全面发展时期。

1984年,日本政府依据《临时教育审议会设置法》,设置了首相直辖的教育改革咨询机构——临时教育审议会(1984～1987)(以下简称"临教审"),开始规划面向21世纪的教育改革政策。时任日本首相的中曾根康弘聘请教育界、经济界以及舆论界中赞同新自由主义改革主张的权威人士担任临教审的委员,以便于达到其改革的目的。[①] 临教审接受首相题为《为使教育适应我国社会变化和文化发展而进行的各项改革的基本方针》的咨询,在其存在的三年内,共提交了《关于教育改革》的四份咨询报告。临教审为日本"第三次教育改革"确定了改革基调,即:倡导教育自由化论,主张实现教育的"自由化""个性化"与"多样化"。由于临教审直接隶属于首相,其所公布的一系列教育改革方案具有改革力度大、涉及面宽和政策性强的特点,直至今日仍深深影响着日本的教育改革。

1985年6月,临教审提交了《关于教育改革》的第一次咨询报告。报告对中央集权型教育行政的僵化弊端和学校教育的划一性、刻板性和封闭性进行了强烈的批判,指出了教育上的整齐划一所产生的弊端,提出了教育改革的基本思想,确立了"重视个性的原则",强调"在教育内容、方法、制度、政策等教育的各个领域,都要根据这一原则加以重新审视和校准"。此后,临教审义先后于1986年4月和1987年4月提交的第二次、第三次咨询报告中提出了"建设尊重个性化、多样化的生活方式的边工作边学习的社会""发展高等教育的个性化、多样化、专业化,促进其与社会的联合""改革高等教育的单一招生制度,实现高等教育的个性化"等建议。[②]

---

① 黒沢惟昭.大学の個性化と総合化―公正な競争とコンソーシアム構想―[J].長野大学紀要,2010,(12):47-61.

② 文部科学省.学制百二十年史[第三編 第一章 第三節 三臨時教育審議会の答申][EB/OL]. http://www.mext.go.jp/b_menu/hakusho/html/others/detail/1318297.htm/ 2014-05-10.

遵照上述临教审答审报告的精神,日本教育课程审议会在 1987 年 12 月公布的咨询报告中提出了"重视基础的、基本的内容,充实发展个性的教育"的方针,并指出在进一步精选各科的教学内容的同时,为使学生切实掌握基础的、基本的内容,学校要尊重学生的个性差异,根据孩子的实际情况进行因材施教的教学辅导。1989 年修订的《学习指导要领》[①],在总则第一条"制定教育课程的一般方针"里,也强调了要对基础的、基本的教学内容进行彻底的辅导,并充实发展个性的教育。1998 年修订的《学习指导要领》再次重申了"在宽松的环境中开展教学活动,切实巩固基础和基本的内容,充实发展个性的教育"的课程标准改革宗旨。[②]

现行《小学学习指导要领》《初中学习指导要领》是战后日本课程标准的第八次修订版,于 2008 年 4 月由文部科学省颁布。2009 至 2011 年是新旧课程标准的过渡时期。从 2011 年 4 月的新学年开始,日本的小学、初中开始实施新的《学习指导要领》,同时也标志着日本基础教育课程改革的全面展开。在 2011 年 4 月起实施的新的《小学学习指导要领》的总则第一条"教育课程设置的一般方针"中规定:"在开展学校教育教学活动中,各校须以培养儿童的生存能力为目标,开展独具创意的、富有特色的教学活动,致力于学生以下方面能力的培养:①基础的、基本的知识与技能的掌握;②解决问题所必需的思考力、判断力、表达能力以及自主学习态度的养成;③发挥个性的教育的充实。"[③]

拓展阅读

"个性化教育"(Personalization Education)中的"个性"一词界定不一,见仁见智。日本临时教育审议会在《关于教育改革》的第一次咨询报告(1985)中对"个性"一词进行了广义的解释,即:"所谓个性,不仅局限于个人的个性,同时也意味着家庭、学校、地区、企业、国家、文化以及时代的个性,这些个性都是相互

---

①《学习指导要领》是日本文部科学省针对各类学校及各类学科的教育课程设置、课程内容、课程实施及学分分配和管理模式等所制定的国家标准,相当于我国的课程标准、教学大纲。具体包括《幼儿园教育要领》《小学学习指导要领》《初中学习指导要领》《高中学习指导要领》。

②李协京.从基础教育课程改革看日本注重发展个性的教育[J].比较教育研究,2002 年第 S1 期"全球化与教育改革"专刊:234.

③文部科学省.小学校学习指导要领[EB/OL].http://www.mext.go.jp/a_menu/sho-tou/new－cs/news/080216/002.pdf/2014-05-14.

关联着的。只有真正了解、培育并发挥自己的个性，自己对自己负责，才能更好地尊重和发挥他人的个性。"同时，还强调重视和发展个人的个性对于家庭、社会乃至国家都具有极其重要的意义。①

日本文部科学省在现行《小学学习指导要领》的"总则"第四条"制定教学计划等应注意的事项"中明确了"重视个性的原则"在学校教育教学活动中的具体体现，"在各科的教学指导中，为了使儿童能够切实掌握学习内容，根据学校和儿童的实际情况，应下功夫改善指导方法和指导体制，采取个别指导、小组指导、反复指导、按照学习精熟度指导、教师合作指导等形式，以充实适合学生的个性化教学指导。"②要求教师在了解学生的不同特性的基础上，即每一个孩子的学力差异、兴趣差异、学习适应性差异、生活经验的差异等情况，进行与之相适应的教学指导。

21世纪是知识经济时代，知识经济时代需要全面发展的、具有创造性素质的人才。为了培养具有丰富的想象力和创造力、富有个性的全面发展的新一代，日本开始深化教育改革，全力推进个性化教育。2008年新修订的《学习指导要领》的颁布，不仅是指导日本基础教育课程改革的纲领性文件，而且也标志着日本的教育个性化改革进入了一个新的发展阶段。

个性化教育就是要培养学生个性发展的教育。为了使学生的个性得到充分发展，就要给每个学生提供最适合的教育。为了实现"因材施教、因人施教"的个性化教育，日本在教育理念、教育行政管理、课程设置、教学模式等方面都进行了改革。在教育理念上，强调以学生主动发展为本，尊重学生的个性差异，释放学生潜能，弘扬学生个性，努力做到使每一个学生的个性、潜能得到最大限度的发展，满足学生多层次、多样化的学习与发展需求。在教育行政管理上，文部科学省赋予学校更多自主权，坚持"实行灵活多样，克服死板划一；增加分权与自主自律，减少集中与统制"的教育行政改革方向，改变以往学校发展受各级教育行政部门掣肘的局面，要求学校在办学过程中发展个性、增强自律性、自我责任感和办学活力，形成自己的办学特色，建立与学生个性和能力相适应、与学生终身发展相适应的教育。

下面我们重点从中小学的创新性、综合性的课程设置与课程教学模式入

---

① 李协京.从基础教育课程改革看日本注重发展个性的教育[J].比较教育研究，2002年第S1期"全球化与教育改革"专刊：234.

② 文部科学省.小学校学习指导要领[EB/OL].http://www.mext.go.jp/a_menu/sho-tou/new-cs/news/080216/002.pdf/2014-05 14.

手,来探究以个性化原则为基准的日本教育改革实践。日本中小学教育中个性化教育主要包括以下实践途径。

(1)学校课堂教学。课堂教学是人才培养的主要渠道。通过课堂教学,中小学学生学习到有关社会知识与技能、参与社会的态度及解决实际问题的能力。根据 2008 年版《小学学习指导要领》的规定,日本小学教育课程由五大板块组成,即学科课程①、道德教育、外语活动、综合学习时间和特别活动。小学的外语活动在五、六年级实施,内容主要包括熟悉基本外语发音、掌握简单语句。"综合学习时间"是指以现代社会热点问题为内容,由各学校根据所在地区、学校本身及学生的实际情况,创造性地开展横向性、综合性学习以及基于学生兴趣的学习等教育活动,旨在培养学生的生存能力。例如,环境教育、福祉教育、爱国主义教育、国际理解教育、生存教育等;特别活动主要包括班级活动、学生会活动、课外活动小组活动、学校例行活动等方面的内容。② 中学教育课程由四大板块组成,即学科课程③、道德教育、综合学习时间和特别活动。中学的特别活动主要包括班级活动、学生会活动、学校例行活动等。①

(2)校外教育实践活动。校外教育实践活动形式多样、内容丰富,主要针对在校青少年在校外有关社会场所进行的教育实践活动。有关场所如:公民馆、博物馆、公共图书馆等综合社会教育设施;少年自然之家、绿色学校、青少年就业福祉设施、儿童文化中心、青年之家等青少年专用社会设施。

《小学学习指导要领》和《中学学习指导要领》等国家课程的基本纲领性文件,是日本文部科学省对基础教育课程的基本规范和质量要求。无论是《小学学习指导要领》还是《中学学习指导要领》,文部科学省对于课程设置的规定都是较笼统且具有弹性的,并且鼓励学校广泛开设选修课程。例如,在小学的学科课程中,除了日语、算数、理科等科目实施学科教学外,社会、生活等科目都具有较大的弹性,内容灵活多样,为教师的自主创造留下了必要的空间。

个性化教育不是使学生片面发展,而是面向全体学生,让学生在全面发展、

①小学的学科课程包括日语、社会、算数、理科、生活、音乐、图画制作、家政、体育 9 学科。

②文部科学省.小学校学习指导要领[EB/OL].http://www.mext.go.jp/a_menu/sho-tou/new—cs/news/080216/002.pdf.

③中学的学科课程包括日语、社会、数学、理科、音乐、美术、保健体育、技术·家政、外语 9 学科。

④文部科学省.中学校学習指导要领[EB/OL].http://www.mext.go.jp/a_menu/sho-tou/new—cs/news/080216/003.pdf/2014-05-14.

全面施教的基础上,承认并尊重学生的个体差异,从实际出发"因材施教、因人施教"。在教学实践活动中,教学内容和教学方法既要统一要求又要区别对待,既要统一讲授也要个别指导。在学科课程的教学过程中,文部科学省改革了"大一统"的教学制度,积极推行了一系列的个性化改革举措。例如,确定义务教育阶段学校班级规模,对班级人数进行"瘦身",班额控制在40人以内,原则上不能超过限额;打破传统班级和学年界限,采用无学年制的教学模式,根据学生的年龄特征、学习基础、个体差异等不同,把同一内容的课程按照难易度分成不同的等级和层次,执行不同的教学计划,组织不同形式、不同进度的"个别化教学"。其中,"个别化教学"区别于"一刀切"式教学方法,即教师分工协作,针对不同水平的学生选取难易程度不同的教学内容,对学生提出不同的教学要求,教学进度及教学方法也不尽相同的教学方法。例如,优等生班可以采用自学的方式,教师少讲、精讲,仅作点拨引导或答疑;中等生班则由教师和学生共同讨论学习;稍差等生班实行由教师个别一对一辅导。学生可以根据老师的建议及自己的实际情况选择适合自己知识水平的班级去听课,也可以在学习中根据自己的学习情况选择不同等级的班级听课。如果感觉一个学年的课程没有掌握好,还可以在下一个学年重新选择,重复学习,强化基础,到毕业时能达到学校规定的基本要求就行。[①]

在道德教育、外语活动、综合学习时间和特别活动的学习过程中,活动主题可以由师生双方共同商定或学生在教师的点拨引导下自主选取,进行角色扮演、团队调查、竞赛活动、体验尝试等综合性学习。上述活动一般注重学生的情感体验和道德实践,旨在让学生通过各种体验渠道进入实践操作和切身体会交流的场景中,在进行理性学习的同时获得感性上的理解,既可以有效地建构知识,也可以强化技能,丰富学生的情感体验。这种脱开教科书的自主、合作、体验探究式学习是一种创造性的学习方式,是学习目标和生活目标紧密结合的重要途径。

典型案例

20世纪90年代以来,为响应政府关于发展个性化教育的倡导,日本各地涌现了一批"向教育挑战的个性化学校"。树之国儿童乡村学园(以下简称"树之国")就是其中的一个典型代表。位于和歌山县桥本市内一座山中的树之国,

---

①王淑杰.日本开放式个性化教育改革及其启示[J].肇庆学院学报,2011,(7):71.

是一所一个年级只有 15 名学生,既没有作业和考试,也没有"老师"这一称谓的小规模学校。该校在 1992 年 4 月创立之初仅有小学部,1994 年 4 月设立初中部,2001 年 4 月设立国际高等专修学校(相当于我国的职业高中),并于同年在福井县胜山市设立中学分校,2009 年 4 月在英国苏格兰开设小学、中学分校,2011 年 4 月在福冈县北九州市设立中学分校,2012 年 4 月在山梨县阿尔卑斯市设立小学、中学分校。①

树之国的教育目标旨在培养"在情感智慧、人际关系等各方面健全发展的儿童"。该校反对"以教师为主、学生为辅"的教师中心主义、整齐划一和形式主义、学科中心主义,在课程实施上坚持"自己决定、个性化、体验学习"三大原则。②

(1)自己决定原则。学习计划与活动方案是经由孩子们和大人通过召开班会、宿舍会议、全校集会等商议后制定的。例如,2012 年度,树之国小学部的课题研究分为"土木工程店""树之国农场""美味料理店""树之国剧团""手工艺品商店""贪婪菜园"6 个班级;中学部分为"动植物研究所""道具制作所""树之国音乐剧场""草鞋组""自然研究室""巴克斯剧团""儿童之村研究院"等班级。孩子们在了解学习计划和活动方案后,根据自己的兴趣、能力以及人际关系自主选择班级。每一个班级都是混合班级,即把不同年龄的儿童放在一个班里授课。在学习活动中,学园要求避免盲目的、无效的教师介入,不要急于给予帮助和指导,强调孩子自主、合作、探究的重要性,认为学生享有失败和自由的权利。

(2)个性化原则。树之国秉承尊重个性的原则,尊重每个孩子在知识能力、学习态度、学习方法等方面存在的个体差异,对不同程度、不同性格的孩子提出不同的学习要求,打破学年和学科界限,采取个别活动、小组活动、集体活动等多种教育活动形式,为孩子们提供广泛且可选择的学习与活动内容。

(3)体验学习原则。树之国置身于青山绿水、鸟语花香的自然环境之中,教室之间没有阻断,没有间隔,具有一定的连通性,是一所没有墙壁的学校。利用这一地理位置和自然环境的优势,树之国为孩子们创设了开放式的教学环境和生活性的教学内容。学园提出了"自然、生活、学习——教育共同体型学校"的建构思想,在教育实践中将学生的学习、生活、自然环境有机地融为一体,让孩

---

①きのくに子どもの村学園.きのくに子どもの村学園とは[EB/OL].http://www.kinokuni.ac.jp/nc/html/htdocs/? page_id=50.

②きのくに子どもの村学園.学園の基本方針[EB/OL].http://www.kinokuni.ac.jp/nc/html/htdocs/? page_id=46.

子们在开放性的教学环境中立足生活,回归生活,自主实践,充分感受学习的乐趣。课程中体验式学习的内容占了很大的比例,理论课时与实践课时的比例为1:1。

反思与启示

教育个性化是当今主要发达国家教育改革的重要指导思想之一,也是我国教育改革的现实诉求与发展趋向。我国的基础教育长期以来受应试教育的影响,课堂上教师"重灌输式讲授,轻探究式教学",过分注重教育的公平性,忽视了关注学生潜在个性的培养和发展。面对这种现状,推进以促进健康个性发展,注重个体差异为宗旨的素质教育改革,是符合我国基本国情的。日本中小学推行教育个性化的成功实践经验,可以为我国素质教育的进一步发展提供参考与帮助。

一、学校教育理念的转变是个性化教育成功与否的关键

从教育理念上来看,个性化教育确立了受教育者在教育过程中的核心地位,把关注的重点放在了对人本身价值的尊重和回归上。学校是实施个性化教育的基本单位和责任主体,也是将教育政策转变为促进学生身心发展行动的中介。但是,我国基础教育的现实情况是,一言堂和满堂灌的集体教学的传统模式仍然统领着教学实践。在我国新一轮课程改革中,应该改变以教师为中心的传统教学模式,提高学生的主体性地位,增强学习的灵活性,从培养学生的能力出发因材施教,让学生成为课堂的主体。

二、教育管理的"去行政化""去形式化"是保障个性化教育顺利实施的基石

突破以行政手段为主推动教育发展的方式,克服教育管理模式的行政导向和形式化,注重思想领导和专业引领,这是个性化教育对行政系统的改革要求。在我国,教育行政化、形式化倾向严重。为了实现教育个性化,政府必须减少行政审批手续,简政放权,必须让各级各类学校拥有充分的办学自主权;要着力改变统一教材、统一模式、统一评估标准等诸多统一的办学要求;要大力推行参与性教学,让学生充分参与到教学的各个环节中来。只有如此,才能实现"因材施教、有教无类、人人成才"的"教育梦"。

三、课程改革应从统整的视野体现学生个性发展思想

我国课程改革应通过统整课程的学科领域、内容、方法、活动和环境等，优化课程结构，改革传统的分科课程体系，谋求课程与教学的基础性、选择性和多样性的统一，从而为学生个性的协调发展创造良好的条件。为此，我们要从学生的实际出发，依据学生的个性特点明确教学目标，注重学生主动获取知识的能力、解决问题的能力以及自主探究、自我反思、求异创新等行为方式与态度的培养，发现并拓展学生个性最近发展区和最佳发展区。同时，还要尊重学生个体选择，开发与研制适应学生个性化发展的多样化课程，保证学生多样化个性的需求与发展。

四、实施"基于个性差异"的有效指导是促进学生个性化发展的重要保证

在课堂教学中，尊重学生的个体差异，挖掘学生的优势潜能，实施教师的有效指导是促进学生多样化和个性化发展的重要保证。但是，在我国教学中存在着忽视学生的个体差异和不同学习需求的问题，严重地抑制了学生个性的全面发展。一方面，教师应该紧紧把握住学生的个体差异，从多角度、多层面研究和实施适应学生个体差异的教学策略和学习策略，从而满足学生个性发展的多样化需求；另一方面，教师还应该通过校内教师的合作与互补，学校与家庭、社会人员的合作与参与，提高教师整体协作的指导合力，改变学校传统的、闭锁的指导形态和意识，促进学生个性的和谐发展。

丰富人性的心灵教育:日本德育管窥

人类占优势的职业就是生活,就是智力和道德的生长。

——【美】杜威

引言

当今世界,科学技术迅猛发展,知识经济初露端倪。随着经济全球化的日益深入和以创新为社会主要驱动力的知识经济社会的到来,对世界各国尤其是我国的道德教育提出了严峻的挑战,也带来了发展的机遇。注重德育问题逐渐成为各国教育的共同发展趋势。经济全球化带来的一些新的理念和规则对我国在自然经济下所形成的传统道德和伦理观念无疑会形成新的冲击。我国的教育提倡"德、智、体、美、劳"全面发展,但是重智育轻德育的现象依然突出存在。虽然道德教育也引起了社会广泛的关注,但是道德教育在氛围和实效性上还存在很多的不足。

纵观国外学校德育的现状,他们施行德育的途径和方法无外乎以下几种:第一,课堂讲授是传授道德知识的主要方式;第二,课外、校外活动是施行德育的重要形式;第三,劳动活动是施行德育的必要途径;第四,充分利用社会文化机构的大众传播媒介的影响。以日本为例,从课程设置来说,日本的中小学严格按照本国和本地区各级学校的德育目标、内容和体系设置了德育课程。同时,为了弥补课堂德育课程时间和方法的不足,日本各中小学还无一例外地增加了学生参加课外、校外活动的机会,丰富学生的课余生活,并围绕社会需要的人才规格来不断创新和广泛开展形式多种多样、内容丰富、风格各异的德育活动,以期取得德育的最佳效果。管窥日本德育的动态,借鉴其成功的德育经验,汲取其失败的教训,无疑将会为我国的德育课程改革带来很多启示和借鉴。

理论阐述

日本历来十分重视基础教育中的道德教育,德育是日本教育的重要组成部分。早在 1984 年,时任首相中曾根康弘提出面向 21 世纪的教育改革策略时,将原来的"智、德、体"的提法变更为"德、智、体",这一语序的变换蕴含着日本政府突出强调德育的重要地位的深意。20 世纪 80 年代中期,为了解决"儿童心灵的荒废"问题,首相直辖的教育改革咨询机构——临时教育审议会(1984~1987)(以下简称"临教审")提出了德育教育"丰富的心灵"的培养目标。在临教审提交的《关于教育改革》的第二次咨询报告(1986)中,专门论述了所谓的"教育荒废"问题:近年来,学校和教师不太受学生、家长和社会的信赖,其背后存在着"严重的教育荒废的事实","教育荒废表现为阴险的欺侮、儿童自杀、拒绝上学、青少年行为不良、校内暴力、家庭内暴力、偏重偏差值的激烈考试竞争、偏重学历、所谓的教师问题、体罚等","教育荒废"是学校教育的"副作用"。另外,"有关分析教育荒废现状的重要视点还在于,我国学校教育的整齐划一、僵化、封闭的性质和偏重学历以及极端的管理教育等产生的'副作用',妨碍了丰富的人的形成,加重了儿童心理上的压抑感和欲望不满足感。"①因此,为了解决"儿童心灵的荒废"问题,必须打破教育的划一性、僵硬性和封闭性,实行个性化的教育,培养情操高尚、充满活力、具有丰富人性的未来人才成为日本德育改革的首选和重心。这一时期,临教审虽然认识到了培养儿童"丰富的心灵"的重要性,但并没有系统地阐明这一概念的内涵。

进入 20 世纪 90 年代,文部省常设教育咨询结构——中央教育审议会(以下简称"中教审")在进一步深化教育改革中起到了主导作用,它所提出的培养"生存能力"的思想成为指导日本第三次教育改革的重要理念。第 15 届中教审在提交的《关于展望 21 世纪我国教育的应有状态》第一次咨询报告(1996)第一部分"今后教育的应有状态"的第三节"今后教育状态的基本方向"中,集中论述了"生存能力"的内涵。其中,"生存能力"对道德素养的要求是"不断地律己、与他人相协调、同情他人之心、感动之心等丰富的人性"。换言之,在道德规范上,要自律、协调、考虑他人;在道德情感上,要有"感动之心";其最高要求是"丰富

---

① 张德伟,展素贤.从培养"丰富的心灵"到培养"丰富的人性"再到培养"人性丰富的日本人"——20 世纪 80 年代以来日本德育方针的演变[J].外国教育研究,2001,(4):2.

的人性"。① 中教审关于"丰富的人性"的阐释是对临教审提出的"丰富的心灵"的深化和发展。尔后,第 16 届中教审所提交的题为《关于从幼儿期开始的心灵教育的应有状态·为了培育开拓新时代的心灵·丧失失去培育下一代心灵的危机》的咨询报告(1998)是专门阐述德育问题的,其核心思想是通过充实"心灵教育",使儿童掌握"生存能力",进而形成"丰富的人性"。这是在日本文部省正式文件中第一次使用"心灵教育"这一概念。报告明确了"心灵教育"的内涵,并把它放在了德育的核心位置。报告指出:"心灵教育"是在学校、家庭和社区的各个环节,改变"重智育轻德育,重知识轻能力,重课堂灌输轻社会实践,重标准化轻个性化"的做法和知识灌输型教育,让学生拥有宽松的环境,培养独立学习、独立思考和行动的生存能力,并为此从幼小时就让儿童切实掌握社会生活的规则,加强培养正义感、伦理观、同情心等丰富人性的教育,以及培育在国际化急速发展的时代,珍视日本的历史传统和文化,具有丰富国际感觉的日本人。②

2000 年,首相直辖的教育改革咨询机构——教育改革国民会议提交了《教育改革国民会议报告——变革教育的 17 条提案》。该提案中的第 5 条是专门针对德育问题的,进一步重申了关于"培养人性丰富的日本人"是德育的终极目标这一观点。2003 年,中教审发表了《关于适合新时代的教育基本法和教育振兴基本计划的应有状态》的咨询报告,提出了 21 世纪教育的五个方面的目标,其中的第二个目标是"培养丰富的心灵和锻炼健壮的身体"。虽然关于"心灵教育"的实质没有变化,但对其目标及内涵的阐述较之以前更为具体和明确了。纵观 20 世纪 80 年代至今的日本教育改革历程,我们可以看出,通过"心灵教育"培养具有"丰富人性"的高素质的幸福国民是日本道德教育改革一以贯之的目标指向。

在日本的中小学,开设有专门的道德教育课程——"道德时间"。在《小学学习指导要领》和《中学学习指导要领》的第三章中对德育课程的大纲、教学内容以及实施途径做出了概括性阐述,强调德育课程的整体性教学计划、内容与实施过程既要联系各学科课程、特别活动、综合学习时间及学生、学校及社区实际状况,又要兼顾各年级之间的衔接,应突出弹性和灵活性。学科课程、特别活动与综合学习时间应与道德教育密切结合,并且有计划地给予深化与补充,综合性地丰富儿童的道德情感,提高儿童的道德判断力。

---

① 张德伟,展素贤.从培养"丰富的心灵"到培养"丰富的人性"再到培养"人性丰富的日本人"——20 世纪 80 年代以来日本德育方针的演变[J].外国教育研究,2001,(4):3.
② 付兵儿.日本"心的教育"及其启示[J].厦门教育学院学报,2003,(9):71.

　　现行日本中小学德育课程的教学内容是按照学生个人对自己、他人、社会等关系上的行为方式做出了如下分类：(1)与自己的关系；(2)与他人的关系；(3)与自然及神奇万物的关系；(4)与集体和社会的关系。为突显中小学生道德教育的层次性与衔接性，《小学学习指导要领》和《中学学习指导要领》根据不同年级、不同年龄段学生的特点，提出了不同要求的内容项目。例如：

　　(1)小学 1－2 年级

　　A.遵守约定和规则，珍惜物品。

　　B.体验劳动的乐趣，主动为大家劳动。

　　C.敬爱父母和祖父母，帮助做家务，感知帮助家人给自己带来的快乐。

　　D.尊敬师长，在学校时善待他人，热爱班级和校园生活。

　　E.亲近家乡文化和生活，体悟乡情。

　　(2)小学 3－4 年级

　　A.守信、遵纪守法，具有公德心。

　　B.了解劳动的重要性，主动为大家劳动。

　　C.敬爱父母和祖父母，与家人一起合力营造幸福的家庭。

　　D.尊敬师长，与大家尽力营造快乐的班级。

　　E.了解家乡传统和文化，怀有热恋乡土之心。

　　F.亲近日本传统与文化，在怀有爱国心的同时关注其他国家的人与文化。

　　(3)小学 5－6 年级

　　A.有社会公德心，遵纪守法，尊重自己与他人的权利，履行个人义务。

　　B.不要歧视任何人。行事公正、公平，做个正直的人。

　　C.积极参与集体活动，强化个人责任意识，分工合作，自觉履行责任。

　　D.了解工作的意义和服务社会所带来的快乐，做个对社会有用的人。

　　E.敬爱父母和祖父母，追求家庭幸福，积极为家庭做贡献。

　　F.尊敬师长，大家一起合力创造更好的校园氛围。

　　G.重视家乡及日本的传统与文化，了解祖先们创造和努力的成果，热爱家乡、热爱祖国。

　　H.尊重外国人及外国文化，为自己是日本人而自豪，与世界上其他国家的人友好和平相处。[①]

---

　　① 文部科学省.小学校学习指导要领[EB/OL].http://www.mext.go.jp/a_menu/sho-tou/new－cs/news/080216/002.pdf:105-108/2014-05-14.

(4)初中

A.理解法律精神并遵守法纪,尊重自己和他人的权利,切实履行个人义务,努力遵从社会秩序和规章制度。

B.有社会公德心,提高个人与社会连带责任的自觉性,努力创造一个更好的社会。

C.崇尚正义,公正、公平地对待每个人,致力于实现一个没有歧视和偏见的社会。

D.加深对自己所属不同集团意义的认识和理解,认识到自身的角色和责任,致力于提升集体生活水平。

E.理解勤劳的意义,有奉献精神,致力于实现公共福利和社会发展。

F.加深自己对父母和祖父母的敬爱之情,认识到自己是家庭的一员,构建充实的家庭生活。

G.认识到自己是班级和学校的一员,加深对师长的敬爱之情,与大家一起营造更好的学校氛围。

H.认识到自己是社区的一员,热爱家乡,加深对为社会奉献自身的祖辈们的尊敬和感激之情,为家乡的发展贡献自己的力量。

I.认识到自己是个日本人,在热爱祖国,致力于国家发展的同时,还要为继承优良传统和创造新文化贡献一己之力。

J.认识到自己作为一个日本人,要具备国际性视野,为世界和平和人类幸福做出贡献。①

综上可以看出,日本小学和中学的德育课程内容具有整体化和序列化的特点,既有较强的统一性,又有明显的层次性。

中小学的德育课程并没有统一的国家指定教材,课程教材一般是由任课教师自编、自制。其他的还有 NHK 教育广播电视台制作的教育节目,各级教育委员会组织编撰的资料,文部科学省编审的"心灵笔记",各类教材出版社出版的道德资料集等丰富的教学资源供德育课程教师选择。

拓展阅读

2002 年 4 月,文部科学省面向全国中小学生无偿发放"心灵笔记"。2013

①文部科学省.中学校学習指導要領[EB/OL].http://www.mext.go.jp/a_menu/sho-tou/new－cs/news/080216/003.pdf:119-110/2014-05-14.

年组织有关专家学者对"心灵笔记"进行了全面修订改版,并于2014年更名为"我们的道德"后再次发放。文部科学省推行"我们的道德"的目的有三:供学生记录自己的成长过程、引导学生自我反思以及方便家庭与学校联络。"我们的道德"并不是国家指定教科书,德育课、特别活动、综合学习时间以及各学科课程都可以灵活地把它当作教学辅助教材来用。"我们的道德"分为小学1-2年级、3-4年级、5-6年级、中学四册书,内容循序渐进,逐阶加深。"我们的道德"以引导学生正视自己、反省自己为目的。在版式设计上,每一页都留有余白,供学生涂写自己的感悟所得。中学生版的开卷第一页在"本书的使用方法"处写着"读完文章及资料后,总结自己的感想,记录下来,并试着和朋友互相交流心得体会"。学生通过阅读书中文章,主动去思考、去感受,并将心得感悟记录下来,留下自己心灵成长的轨迹,以供日后回顾与反思。

日本中小学德育改变了以灌输、记忆、背诵的形式强制学生进行德育学习的传统方法,注重发挥学生的主观能动性,让学生在道德分析、判断和体验活动中受到启发,促进他们掌握正确的自我约束、自我教育的能力。日本中小学的德育方法,包括逐级"指导计划"方法、"道德时间"主题指导方法、体验式学习法以及心理咨询法等。

(1)逐级"指导计划"方法。包括由各校自行制订的全面计划、年度指导计划、班级指导计划、指导教案等。全面指导计划是学校德育的总指导方针,通过学校的全部教育活动来完成德育目标的教育计划;年度指导计划是把德育课在各年级的指导内容,根据学年段构想不同主题,并在全年度中进行分配、排序;班级指导计划是根据学生的实际、班级的特点把学校的全面计划具体化,给予任课教师实施个性化德育的指导空间;指导教案是任课教师为了达到德育课的教学目的而设计的教学内容、过程、方法等方案,包括每次课的主题名、设定主题的理由、目标、展开的概要等环节。

(2)"道德时间"主题指导方法。区别于学科课程的各个单元的知识具有客观性、独立性的特点,而德育课的内容都是主观性、整体性的东西。因此日本的"道德时间"课通常是先设定"主题"再展开授课的。具体的德育课的主题类型有:习惯形成性主题、心情主题、判断性主题、理解性主题、生活主题、心理主题、思想主题等。

(3)体验式学习法。教育是一段内心的旅程。通过体验获得新知和感悟是中小学德育课程的一条行之有效的教育途径。日本中小学的德育课程,主要通过综合学习时间、特别活动以及校外教育实践活动中的体验式学习培养学生的生存能力、创造力和集体协作精神及发展个性,充实学生的内心世界,让学生在对大自然和社会的体验中获得心灵的感悟。日本开展体验式学习活动的内容，一般包括自然体验、生产劳动体验、磨难体验、耐苦生活体验、志愿者活动体验、职场体验、传统体育与艺术活动体验以及民俗祭祀活动体验等。

（4）心理咨询法。在德育方法改革中，日本既重视加强道德体验，又注重开展教师与学生面对面的谈心活动。在日本中小学普遍设有"心理谈话室"，由专职教师负责管理室内专业设备和师生之间的联系沟通，其主要作用是实施心理健康教育，及时排除学生的心理障碍，增强学生的自我存在感，让学生感到学校是自己的"心之居所"。当学生在思想、学习、生活或人际交往中出现沟通不畅、孤独、焦虑烦躁等问题时，可以自己来"心理谈话室"填写谈话登记表，预约谈话时间。通过教师与学生的"一对一"谈心谈话活动，使教师及时掌握学生的思想动态，对有心理焦虑及心理障碍的学生及时做好疏导工作，促进学生的道德内化，培养学生的自我教育和自我调控能力。部分学校还通过朋友谈话箱、师生互相通信等方法来疏导、解决学生的思想问题和心理障碍。

日本课堂道德课评估要求体现在：（1）学生德行评估要求的多样化。具体包括道德情感的评估、道德判断力的评估、道德实践热情和态度的评估以及道德习惯的评估；（2）评估方法的多样化。日本学校德育评估主要采用教育中一般的评估方法，其评估的视角不固定，主要就学生的优点和个性，尽可能采取多种评估方法和标准。关于学生道德评估的方法有：观察法、面谈法、问卷法、作文法、案例研究法和投射法等。

典型案例

重视乡土资源的德育功能，促进教育与地域生活的联系，是日本中小学德育的传统特色。日本中小学的乡土德育以体验式学习活动为形式，组织学生走向地域社会，引导学生了解家乡的传统与文化，开展形式多样、富有实效的德育活动。

（1）家乡自然体验活动

日本自然体验活动的广泛开展得益于20世纪80年代日本文部省推行的"自然教室"活动。之后，文部省与农林水产省合作成立了"儿童长期自然体验村"，通过林间学校、临海学校、农村留学等形式，组织学生利用暑假参加自然修学活动。1997年，文部省还实施了"青少年野外教育推进事业"，在全国范围内开展让青少年走向野外去进行自然体验活动，规定每年的7月20日至8月19日为"青少年野外教育体验活动月"。各地政府设立少年"自然之家""自然教室"达 700 多所,安排专职野外教育指导教师,开设自然体验活动课程,定期组织学生参加集体合宿活动。香川县每年组织初二学生参加 3 夜 4 日的五色台"自然之家"的体验学习,聘请自然科学馆的教师进行指导。自然体验学习全年设有 13 条野外考察学习线路,以半日或一日徒步考察为主,行走距离一至十公里不等,最远的"赤子谷"考察线路达 11 公里。"自然之家"的学习专题分为生物、地学、人文、天体四大类。具体活动有花卉观察、红叶观赏、标本制作、昆虫观察、岩石分类、矿物调查、化石模型、彗星流星观察等,活动小专题达 40 多个,为学生走进乡土自然环境,感受体悟家乡美好风光提供了充裕的条件。[①]

(2)生产劳动体验

体验艰苦生活,接受劳动教育,是对学生进行德育最直接、最有效的形式之一。日本中小学每年都要定期组织学生参加简单的生产劳动。日本有着丰富的农业、渔业、林业以及传统工艺产业资源,不同地域呈现出十分鲜明的产业经济特色。中小学校在德育活动和常规例行活动中,利用春游、秋游、节假日活动以及其他课外活动的时机,组织开展地区性、乡土性的生产劳动体验活动,如参观自来水厂、污水处理厂、集市、超市等与生活密切相关的社会设施。有的结合地方传统产业特点,感受家乡传统工业生产,如参观传统陶瓷、丝绸织锦、竹编漆器、土酒果饮等制作工艺,了解具体生产流程与工序。根据不同的农业经济特点,组织学生参加水稻种植、果树栽培、水产捕捞、牲畜饲养等,体会日常生活与传统农业的紧密关系,领悟生活来之不易的道理。千叶县我孙子市第二小学开展了一系列学农活动,组织学生到田间学习种秧,参与除草施肥、收割脱粒,走访农家,询问产量与粮价,真正感触到家乡农业生产劳动的生动情景,在泥土芬芳中缩短了学生与乡土的情感距离。[②]

反思与启示

日本的"心灵教育"是对现代文明的一种积极应对,在目标、内容及实施途径上,都充分体现了其培养具有"丰富人性"的幸福国民的精神主旨,并取得了较好效果。反观当前我国的德育,存在着诸如目标过于理想化、课程弱化、内容空泛、方法单一等亟待解决的问题。日本德育发展和改革过程中的合理因素,对我国的德育改革有一定的借鉴作用。

①朱文学.日本学校的乡土德育及其实施与推进[J].外国中小学教育,2011,(8):43.
②朱文学.日本学校的乡土德育及其实施与推进[J].外国中小学教育,2011,(8):43.

一、注重实践环节,重视道德实践能力的培养

德育只有通过实践才能收到实效,实践是检验德育效果的根本标准。日本中小学的"心灵教育"并不是把学生关在课堂内进行道德灌输,而是主张让学生接触自然和社会,手脑并用,开展丰富多彩的实践活动,增强现实体验,在体验中丰富情感,锻炼意志,形成良好的道德行为,培养学生的道德实践能力。借鉴日本这一做法,对于我国克服重认知灌输、轻能力培养的德育弊端,提高德育实效性具有重要的意义。

二、尊重学生个性,促进学生人格的完善

为了适应未来国际社会发展的需要,日本的"心灵教育"非常重视青少年个性的发展和人格的完善,将尊重每一个人的精神贯穿于学校、家庭和社会的具体生活中。这也是我国当前道德教育改革的一项重要课题。因此,学校一方面要在直接的道德课教学中,将德育内容进行序列化、层次化的设置,增强德育方法和途径的生动性和针对性;另一方面,还要结合各学科教学和课外活动,通过间接道德教育的方式,潜移默化地促成学生的德行成长和人格完善。

三、关注学生情感需要,推动德育由教化向内化转变

日本"心灵教育"通过增加学生的体验机会,加强师生谈心活动等方式,着重在学生理解上下功夫,促进学生的道德内化,让学生形成自我教育的能力。我国中小学的德育受传统"重灌输、轻疏导"模式的影响,积弊丛生。借鉴日本这一经验,将有利于调动学生道德实践的自主性和积极性,使学生的道德行为真正成为自觉自愿而非外部强压下的行为,从而促进德育由教化向内化的现实转化。

四、整合教育力量,构建家庭、社会、学校三位一体的德育网络

这是日本实施"心灵教育"的关键之所在。我国应借鉴日本这一经验,首先,要建立完善的家校合作组织,提高教育影响力。家长委员会是我国目前比较正式的家校合作组织,但与日本相比较,其发展还很不完善。例如,我国的家长委员会基本是自行设立的,力量分散,没有形成正规的体系,因此,很难对学校教育产生实质性的影响。其次,充分发挥社区环境育人的功能,完善我国的社会教育设施,增加校外体验活动。校外体验活动可以使学生在亲身体验中丰富情感、磨炼意志。通过社会教育的组织形式,使德育要求得到社会的支持和理解,促进德育合力的形成。另外,还应在项目设计、内容安排等方面加强与学校教育的衔接,使学生在校内校外都可以获得心灵的感动和幸福的体验。

独具特色的"综合学习时间"

不能把小孩子的精神世界变成单纯地学习知识。如果我们力求使儿童的全部精神力量都专注于功课，他的生活就会变得不堪忍受。他不仅应该是一个学生，而且首先应该是一个有多方面兴趣、要求和愿望的人。

——【苏联】苏霍姆林斯基

引言

学科是知识发展、系统化的重要表现。但是，学科课程化难以消解知识的结构化与知识拓展之间的矛盾，割裂了知识和经验的整体性，最终会导致学科走向封闭。课程综合化是促使学科发展更加丰满且富有张力的重要途径，是保证学生全面发展的先决条件。在当今"全人教育"理念下，推进基础教育课程综合化，构建和设计高质量的跨学科综合性课程，成为 21 世纪世界基础教育课程改革与发展的一项重要课题。2001 年，我国正式启动了第八次基础教育课程改革，并颁布了《基础教育课程改革纲要（试行）》，规定从小学三年级至九年级、初中阶段以及普通高中阶段设置"综合实践活动"课程，并把其作为一门必修课程纳入基础教育课程体系中。为更好地落实和推进综合实践活动课程的实施，《综合实践活动指导纲要》应运而生。日本教育课程审议会先后于 1998 年和 1999 年修订了中小学校的《学习指导要领》，并于 2002 年正式颁布实施。新版《学校指导要领》规定，从小学三年级至九年级、初中阶段开设以发展"生存能力"为目标的"综合学习时间"课程。而后，文部科学省又分别于 2003 年和 2008 年对"综合学习时间"进行了修改和完善。

中日两国都试图通过设置综合课程，改革原来单一封闭的课程结构，转变学生的学习方式，拓宽学生的学习领域，优化学生的素质结构。"综合实践活动"与"综合学习时间"虽然在出台背景、课程名称、课程目标、课程内容、课程实施等方面存在着诸多差异，但在实际上有着很大的相通性，两者之间具有进行比较研究的价值。

理论阐述

日本关于综合性学习的实践最早可以追溯到 19 世纪末的明治 30 年代,大正时代木下竹次倡导并实施的"合科学习"实践和战后新教育时期实行的社会科实践以及核心课程实践也是这方面的先驱,20 世纪 80 年代末开始的小学生活科实践是这方面的典型。[①] 1996 年,日本中央教育审议会在《关于展望 21 世纪我国教育的应有状态》的咨询报告中提出,为培养学生的"生存能力"而推进"横向性、综合性学习",在新一轮课改中创设"综合学习时间"课程的建议。而后,在 1998 年文部省颁布的《幼儿园教育要领》《小学学习指导要领》《初中学习指导要领》和《高中学习指导要领·特别支援学校指导要领》(1999)中明确规定,在小学三年级以上每个年级平均每周开设 2 课时的"综合学习时间"课程。《学习指导要领》只规定了"综合学习时间"的主要学习领域、活动方式和课时,并没有规定具体的教育内容和教材。其中,主要学习领域包括国际理解教育、信息教育、环境教育和福利·健康教育等现代社会热点问题以及学生感兴趣的、学校和社会的课题。活动形式包括自然体验和志愿者服务等社会体验,以及观察、实验、参观、调查、发表与讨论、制作与生产活动等体验式学习、问题解决式学习。[②] "综合学习时间"课程的设置,成为此次课程改革中最引人注目的亮点,引发了社会各界的热议。

现行《幼儿园教育要领》《小学学习指导要领》《初中学习指导要领》和《高中学习指导要领·特别支援学校指导要领》是战后日本国家课程标准的第八次修订,相继于 2008 年 4 月和 2008 年 12 月由文部科学省颁布。2009 至 2011 年是新旧课程标准的过渡时期,新课程标准得以全面实施分别为小学 2011 年 4 月、初中 2012 年 4 月以及高中 2013 年 4 月。在本次课程改革中,"综合学习时间"被设定为与学科课程、道德教育以及特别活动并行的一个课程板块,是一种综合性课程,不同于学科综合性的课程,是学校教育课程的一个有机组成部分。

"综合学习时间"的课程目标,是根据布鲁姆的教育目标分类法"认知领域、情感领域和技能领域"来设定的。掌握知识并不是"综合学习时间"的主要目的,其真正目的在于"通过横向性、综合性及探究性学习活动,培养学生自主发

---

①张德伟,徐晓猛.论日本综合性学习中的"综合"[J].外国教育研究,2003,(4):54.

②黄伟.课程创新与历险:喧闹之后再沉思　我国"综合实践活动"与日本"综合学习时间"之比较[J].比较教育研究,2005,(7):13.

现问题、自主学习、自主思考、自主判断以及更好地解决问题的素质和能力；掌握学习方法和思考方法，在解决问题的探索活动中，培养学生的主动性、创造性、合作性的态度，以及能够思考自身生存方式的能力"。①此外，还注重让学生掌握信息收集、调查研究、汇总资料、演讲讨论等学习方法和思考方法。

"综合学习时间"的教学由全校教师整体协调合作指导，高中阶段的"综合学习时间"可根据学习活动的需要灵活安排时间。在"综合学习时间"课时分配上，2008版《学习指导要领》规定：在小学3～6年级（每学年共35个教学周）平均每周开设2课时，每课时为45分钟，每学年课程总课时为70，合计52.5小时；②初中（每学年共35个教学周）1年级平均每周开设1.4课时，学年课程总课时为50，合计37.5小时，2～3年级平均每周开设2课时，学年课程总课时为70，合计52.5小时；③高中3年（每学年共35个教学周）平均每周开设3～6课时，每课时为50分钟，每学年课程总课时为105～210，合计87.5～175小时，学分为3～6学分，毕业所需学分中必须包含"综合学习时间"的学分，每个学生必须参加"综合学习时间"的学习活动。④

拓展阅读

"综合学习时间"是日本进入21世纪后在基础教育阶段全面推行的新课程形式，是一种坚持地区本位、学校本位、学生本位的，以主题性、综合性、自主性为特色的综合活动课程。各学校根据各自所在地区、学校以及学生的实际情况，创造性地开展超越科目范围的横向性、综合性学习和基于学生兴趣及关心等的学习活动。"综合学习时间"活动内容立足于学生现实生活，就近获取活动素材，强调以体验式学习和问题式探究学习为目的，以培养学生主动参与活动的实践能力以及学生个性的全面发展为落脚点。在2008版中小学《学习指导要领》中，对"综合学习时间"指导计划的编写做出了详尽的规定。指导计划包

---

① 文部科学省.小学校学习指导要领案[EB/OL].http://www.mext.go.jp/a_menu/shotou/new－cs/news/080216/002.pdf:115/2014-05-06.

② 文部科学省.小学校学习指导要领案[EB/OL].http://www.mext.go.jp/a_menu/shotou/new－cs/news/080216/002.pdf/2014-05-06.

③ 文部科学省.中学校学習指導要領案[EB/OL]. http://www.mext.go.jp/a_menu/shotou/new－cs/news/080216/003.pdf/2014-05-06.

④ 文部科学省.高等学校学習指導要領案[EB/OL].http://www.mext.go.jp/a_menu/shotou/new－cs/news/081223/002.pdf/2014-05-06.

括整体计划、年度指导计划以及单元指导计划三方面。学校应该在本校的整体指导计划中创造性地、具体地安排学习活动,应当以学生的实际情况、学生的主体性的要求来构思、展开学习活动,应当根据地区社会的实际情况,在争取地区社会的合作、支持的条件下展开学习活动。

日本的"综合学习时间"的特色在于其名称和学习内容没有详细、具体的规定,也没有指定教材。由于"综合学习时间"是为了让各个学校充分发挥各自的创造性,展开有特色的教育而设定的课程时间,是让学生主动地思考、选择、探究课题,养成主体的生存能力的课程,同时它还需要突破学科的框架,展开横向性、综合性的学习活动,因此,在"综合学习时间"设置之初,日本文部科学省并没有像其他学科课程那样对其指定教材和制定具体的学习内容,无论是学习课题的设计、学习活动的方式与方法,还是学习时间、空间的选择都赋予了学校课程开发与实施的自主权。日本中小学也都在实践中摸索,力求开发出适合学校与学生实际情况的特色校本教材。关于综合学习时间的学习活动,2008版《学习指导要领》给出以下示例仅供各学校参考:(1)关于国际理解、信息、环境、福利·健康等横向性、综合性课题的学习活动;(2)基于学生的兴趣和关心的课题而设定的学习活动;(3)区域社会生活、民俗传统文化等与所在地区及学校特色相关的学习活动。① "综合学习时间"作为一种学习活动,选择活动内容必须遵循问题性原则、开放性原则和生成性原则。在决定其学习内容时,要求指导教师事先对学习题材进行具体分析,选择学生可以探究性地加深了解的人、事、物,也可以选择通过沟通达到学习效果的学习事项。主要以学生的日常生活和身边社会的事例为内容。另外,2008版《高中学习指导要领》还建议高中阶段的"综合学习时间",应同高中课程中的"校本学科课程""课题研究""产业社会与人"等课程类型有机结合,把各学科知识进行综合并运用于实践中。

"综合学习时间"的学习方式包括"体验式学习"(如自然体验、志愿者活动等社会体验)和"课题研究学习"(如问题解决式探究性学习活动)两大类。小学、初中的学生更多地进行体验式学习,而高中阶段的"综合学习时间"主要以研究性学习为主,在这一过程中不应仅仅局限于单纯让学生掌握知识与技能,而是应该注重强调唤醒学生对学习的渴求,激发学生主动探究的欲望,培养学生的自主思考能力、判断能力、表达能力、解决问题的能力。在学习活动中,学生可以根据学习的课题进行个人研究学习,组成小组进行小组合作学习,同年

① 文部科学省.小学校学习指导要领案[EB/OL].http://www.mext.go.jp/a_menu/shotou/new-cs/news/080216/002.pdf/2014-05-06.

级集体学习,也可以进行跨年级的、不同年龄的团队学习。

根据《学习指导纲要》提出的"国际理解教育""信息技术教育""环境教育""福利·健康教育"四大主题,围绕培养学生"生存能力"这一核心目标,日本各级教育委员会和学区组织专家和教师,对"综合学习时间"课程的具体实施目标进行了设计。各地特别强调"综合学习时间"的实施要与学科学习整合关联,把问题意识与提出课题的能力、表达与表现能力、分析与思考的能力、信息技术与能力作为该课程的核心目标来看待,同时注重学生兴趣、态度以及参与活动的主动性、积极性的发展。例如,滋贺县教育委员会提出的"综合学习时间"的核心目标是围绕"学力"和"生存能力"来设计的。[1] 而广岛县教育委员会则对综合学习时间的具体目标做了如下分解:(1)信息处理技术·能力。①运用计算机的基本技术与能力;②信息的收集与处理能力;③分析和选用适当的信息;④运用概念图式适当地整理与表述信息。(2)表现的技术与能力。①运用写作、绘画等多种方式灵活地表达;②具有个性的表达;③问题解决过程中合理地表述观点;④应用本人的观点和他人的观点,并适当加以区分。(3)内容·思考·判断能力。①自主地提出活动课题;②课题设计的明确性;③深入地分析课题的意义;④论理的合理性;⑤内容的适切性;⑥学会运用问题解决的基本方法。(4)兴趣、关心与态度。①兴趣与意念的发展;②参与活动的主动性;③活动的参与程度;④积极参与活动的评价;⑤自主学习与自我反省,以及自信心的增强。[2]

"综合学习时间"的整体学年指导计划一般由学校和教师制订,但具体的课题、学习活动及学习方法,则可以由学生根据自身的问题意识、兴趣关注、未来发展等,自主地进行选择、设定,安排计划。文部科学省建议学校应广泛地提供对外发表综合学习的成果的机会,争取得到地区社会和有关机构的反应和评价。通过这样的活动,不仅可以使学生得到培养表达能力的机会,而且可以实际感受学习与社会现实的关联,获得学习的成就感。同时,这样的活动也可以加深学校与地区社会、相关部门的联系与相互理解,促进相互间在教育问题上的合作。

由于"综合学习时间"的课程目标不仅仅局限于知识的习得,因此,其评价

---

①文部科学省研究开发学校·滋贺大学教育学部附属学校.「"今を生きる"教育の充実と創造」[Z].2002.

②日本広島大学附属福山中·高等学校著,角屋重树監修.「综合学习时间的评价」[M].東京:東洋館出版社,2002,27.

方式并不适宜采用学科中依据考试成绩的数值性评价,应该主要根据活动或学习过程中、报告或作品中、发表和讨论中观察到的学习状况、提交的学习成果,适当地评价学生的学习要求、态度、进步的情况等。亦可以以记述评价者观点的方式进行评价,而不是简单地评定等级。在日本的中小学,"综合学习时间"的评价方式主要包括以下几种:根据报告、论文、作品等,或发表、讨论的情况进行评价;有效地进行学生的自我评价与相互评价;教师依据对活动状况的观察进行评价。评价需要综合考虑对学习的要求、态度、思考能力、判断能力、表达能力及学习过程中的进步等多方面进行评价。

"综合学习时间"在实施之初就遇到了来自社会各界的阻力。一部分教育学者、学校教学第一线的教师和家长认为,随着学科课程教学内容的减少,学生的基础学力难以得到保证,也就不可能都具有学习的自主性和主体性。经过十余年的摸索与实践,日本中小学的"综合学习时间"在实施过程中也出现了一些问题,主要表现为:(1)有的中小学能理解"综合学习时间"的课程性质、课程目标,积极探索,勇于实践,通过全校教师的共同努力达到教学目标;有的中小学则对"综合学习时间"的课程性质、目标等不能正确理解和把握,课程开设达不到预期的效果。(2)许多中小学教师对"综合学习时间"要培养学生哪些方面的能力,通过哪些学习活动来完成,如何进行学习结果评价与学习过程评价等理解不透彻。(3)有些中小学将"综合学习时间"视为某一必修课的补充学习或运动会的准备课来实施,没有理清"综合学习时间"与其他学科课程、与选修课、与特别活动及课外活动课之间的关系,"综合学习时间"未能正确有效地实施。①

针对上述出现的问题,日本文部科学省对"综合学习时间"总体课时比例做了调整,2008版《学习指导要领》将小学"综合学习时间"从430课时减少至280课时,中学从210~335课时减少至190课时,同时增加了学科课程的学习时间。此外,还确立了指导体系,制订了以下改革措施:(1)加强宣传,明确目标。"综合学习时间"作为基础教育阶段必须开设的必修课程,要让教师明确其教学目的和意义,让学生置身于区域和实际社会生活环境之中,立足于生活,发现问题、思考问题、解决问题。教师应引导学生跨越学科界限,综合运用各学科知识,开展合作性学习。(2)调整学校间、年级间的差异性。要求学校和教师可以以某一学校、某一学段培养学生的哪些能力作为参照,制订指导计划。例如某一阶段以培养自学能力为主,下一阶段以培养自我认识能力为主等。(3)注重

①滕雪丽,殷世东.日本中小学综合学习时间改革的动向与启示[J].外国中小学教育,2010,(10):16.

对区域文化的学习活动。让小学生深入所在区域的生活环境,进行区域文化的学习,以便在中学阶段为自己职业的选择和将来的发展方向提供参考。(4)在小学阶段,通过问题解决式探究性学习开展信息教育。信息教育在日本已实施多年,但与探究性学习相结合是在2008年的课程改革中提出的。(5)以地方教育委员会为首,学校的各组织机构给予支持和重视。以学校整体为单位有组织地实施,对指导计划、指导体制、实施状况进行定期检查和审评。①

典型案例

(1)广岛县吴市两城小学的"综合学习时间"②

2006年,日本广岛县吴市两城学区的"二川教育计划"成为日本文部科学省综合学习活动的实验项目。"二川教育计划"的核心是"读""写""思考与相互传达",以语言为基础培养理论思考能力。两城小学是一所具有百年历史的小学。该校六年级的"综合学习时间"由以下三个主题组成:有关地区环境的"两城时间之旅"、有关国际理解的"了解日本与别国的历史、文化的差异"以及关于自我认识的"毕业计划——留下自我的历史、留下班级的足迹"。其中,根据小学生的特点,"了解日本与别国的历史、文化的差异"主题所分配的课时较少,只有10课时,主要是聘请外教,鼓励学生积极接触日本与外国的文化,能够进一步调查外国的情况,能够发现日本与外国文化的差异,理解各自的优点。两城小学用30课时以"毕业计划——留下自我的历史、留下班级的足迹"为主题开展了综合学习活动,让学生回顾自己的成长历程,聆听各行各业的人对不同职业的介绍,思考自己的将来,在这一过程中发现自己的优缺点与发展潜能,并能够将自己的优点与实际生活相联系。在整个学习过程中,教师评价学生所依据的主要规则是:能否进行项目分类、按顺序整理、具体说明;能否对信息进行取舍,根据目的利用信息;能否区别客观事实与主观意见,并进行归纳;能否以明白易懂的方式和方法表达;等。这些评价内容都将记入学生学习卡。

(2)广岛县吴市立渡子小学"综合学习时间"③

在此以渡子小学三、四年级开设的名为《海的研究——海中生物和海水的

①滕雪丽,殷世东.日本中小学综合学习时间改革的动向与启示[J].外国中小学教育,2010,(10):17.

②胡国勇.在探索与争议中前行——解读日本中小学的综合学习[J].上海教育,2009,(04B):38.

③相红英.日本的"综合实践活动"特色[J].网络科技时代,2007,(19):84.

研究》的"综合学习时间"课程第四单元《让我们来制作干净水吧》(5课时)的具体实施为例,对其进行详细解读。此课例设计的成功之处在于抓住了该校临近濑户内海的地理环境,结合了学校目前"培养学生的逻辑思维能力"的科研背景,同时兼顾学生的知识背景(理科课程背景——水的相关知识),从学生的想法"海水能喝吗?"这一问题出发,提出了"如何能将我们身边的海水变为能饮用的水"的问题,并开展了问题解决式探究性学习活动。

学生需要解决的问题是利用自己设计的装置将盐水制成能够饮用的水,去掉咸味。学生们共同设计了实验装置。学生设计装置并进行实验:①把盐水放入锅中加热,用烧杯和锅盖罩在锅的上方,水蒸气冷却形成水滴,进行收集。结果:得到的水仍有淡淡的咸味;得到的水量不多。②在蒸发皿中放入盐水,加热,通过漏斗收集水蒸气,水蒸气进入塑料袋冷却形成水滴。结果:得到的水没有咸味;得到的水量不多。③把漏斗直接放入沸腾的盐水中,水蒸气通过橡胶管进入塑料袋,冷凝成水滴。结果:得到的水没有咸味;得到的水量在三个组中最多。共同解决课题:A.现象:水的状态变化;判断:水挥发;根据:讨论为什么水和盐能分离,再接着加热确认判断。B.针对第一个小组现象:得到的水仍有咸味。判断:一部分盐水进入新得到的水中。根据:可能是由于盐水沸腾溅到锅盖上,与得到的水混合了。

反思与启示

在综合实践活动中培养学生的创新能力,打破了学科中心主义、教师中心主义,改变了课程脱离时代和社会发展以及学生实际的状况,是中日两国在新世纪基础教育课程与教学改革中所共同关注的问题。审视近年来日本"综合学习时间"课程的改革调适,有助于更好地理解和准确把握我国的综合实践活动课程,为我国综合实践活动课程的实施提供借鉴与启示。

一、结合国情实际,因地制宜、因时制宜推行课程的综合化改革

日本关于"综合学习""综合课程"的实践可以追溯到19世纪末。"二战"后,教育界对课程综合化的探讨、实验与研究始终没有间断过。比较而言,我国的综合课程研究要薄弱得多,尤其是缺乏教学实验理论与实践支持。我国长期以来存在的大一统的课程管理模式、分科课程模式等状况在短期内无法改变。日本推行"综合学习时间"采取的措施是不打破既有的学科结构,通过精简学科内容,将挤

出来的时间用于增设"综合学习时间"。而我国的课程综合化则是在学科内综合、学科间综合、跨学科综合等多层次同时展开的,比日本的改革力度更大。但是由于我国的基础教育仍然存在着较为严重的区域发展不均衡现象,如果脱离实际,在全国范围内盲目地推行"综合实践活动"课程,有可能打乱了本就脆弱的教学机制,导致中小学生学力水平的下降。因此,基于我国的现实状况,我们认为,对于综合实践活动课程的实施,应因地制宜、因时制宜,制订课程实施的"弹性计划表",有条件且时机较为成熟时才可全面推广,不宜急于普及。

二、加强课程实施政策的指导,完善课程开发的支持系统

课程开发是一项系统工程。我们不仅仅要研究课程本身,还要研究对课程实施起指导作用的政策制度。目前,我国"综合实践活动"课程的实施存在着许多政策支持体系缺陷,如"综合实践活动"课程专任教师的职称评聘、工作量计算标准等尚不明确,"综合实践活动"课程管理制度及对学校的评价制度尚未制定等。各级教育行政管理部门要根据"综合实践活动"课程实施的具体要求,充分考虑各个方面的影响因素,尽快建立相应政策的支持系统。

为新课程的实施提供必要的政策保障。此外,教育主管部门还要加强与学校管理者、教师、家长之间的交流与沟通,使各方在课程开发上达成一致的理解,形成新课程改革的共识。如此,"综合实践活动"课程才能顺利有效地实施。

三、设置弹性化课程内容与时间,发挥活动主体的自主性

"综合实践活动"课程的实施应充分尊重活动的自主性原则,在活动主题、内容的选择和确定、活动时间的设定等方面应放权,由学校、教师和学生自主决定。在综合考虑学生个体差异和不同学习需求的基础上,将围绕活动主题展开的各项活动设计得层次清晰、排列有序,突出各项活动内容之间的内在关联性,充分发挥学生的自主性,使学生获得亲身参与实践的积极体验和丰富经验,真正体现"综合实践活动"课程的综合性、整体性的教育意义。另外,在课程时间的设置上,应该做到对每一学期或学年的活动时间进行整体设计与安排,具体实施过程中应给予教师和学生更多的自主权,以便根据活动的进展灵活掌控时间,以实现教学的连续性和完整性。

四、注重对活动效果的多元评价,建立有效的课程反馈体系

课程评价是检验课程实施是否达到预期目标的主要方式。作为一种激发

学生自主性学习能力的实践活动课程,"综合实践活动"应重视学生的自我评价,让学生通过自主反思认识到自己在活动中的收获与不足。同时,还要通过教师评价、其他参与主体评价和学生互评等方式对活动的效果进行多维度、多层面评价,确保从整体上把握活动的效果。另外,课程实施的反馈信息会对课程实施本身和整个课程产生重要的影响。及时、有效的反馈能促进课程本身及课程改革政策的适当调整,使课程更加有效地实施。日本中小学自"综合学习时间"课程设置以来,先后于2003年和2008年对其进行了修改和完善,增强了课程的实施效果。反观我国,"综合实践活动"课程自2001年开设以来,由于缺乏有效的课程反馈体系,课程实施至今未得到大的改善和提高。因此,建立有效的课程反馈体系迫在眉睫。

日本中小学的供餐制度

> 人类应当将它拥有的最好的东西给予儿童。
>
> ——联合国《儿童权利宣言》

引言

学校供餐关系着学生的健康与生长发育,也关系着民族的素质与国家的未来。日前,全球约有 47 个国家实施学校供餐计划。通过长期发展,这些国家的学校供餐规模不断扩大,运行模式更加多样化,并且已经形成较为完善的管理体系。成功的国家如美国、日本等都通过规范化、标准化、法制化以确保学校供餐能持久稳定地开展。日本有约 94.6% 的学校参加学校供餐计划,是学校供餐计划实施率最高的国家之一。其供餐对象不仅有中小学校,还有部分定时制高中。学校供餐以午餐为主,兼顾早餐与课间餐。午餐既有菜肴又有牛奶,随着现代食品营养学的发展,供餐也进一步得到丰富,食谱的设计也更加符合学生的营养需求。此外,日本还将营养教育纳入法制轨道,既促进了儿童和少年的身体健康,又让孩子们学到了营养知识,从小就养成良好的饮食习惯。

我国的学生营养餐起步于 20 世纪 80 年代,其发展经历了舆论倡导与自发试验、民间推广与扩大示范、政府主导与扩大推广三个阶段,主要集中在北京、上海等大城市,学校供餐仅限于学生营养午餐。我国学校供餐计划虽说从无到有、从少到多,所取得的成绩是巨大的,但尚处于发展的初始阶段,在法规建设、规范管理、运行模式以及安全卫生等方面有待进一步探索与完善,需要政府部门的政策支持和长期规划。本文拟对日本中小学供餐的实施现状与发展趋势进行全面的考察,以期为我国中小学改善供餐制度,充分发挥供餐的教育作用,提供参考和借鉴。

理论阐述

"二战"后,日本的小学、初中、特殊教育学校以及夜间定时制高中普遍在授课日向学生供应一次饮食,日本把这项活动叫作"学校给食",我们译作"学校供餐"。日本推行学校供餐计划经历了起源、恢复、扩展三个阶段。其起源可追溯到 1889 年,至今已有 120 多年的历史。当时,山形县的一所小学首次向贫穷的学生提供午餐。可以说,日本早年的学校供餐计划是一种对穷学生的救济措施,后来逐步扩展为改善学生的营养状况。1932 年政府首次给予财政补助,到 20 世纪 30 年代后期每年大约向 60 万名学生提供学校午餐。"二战"爆发后,学校供餐计划一度被迫中止。"二战"后,日本作为战败国,经济面临极度困难,食品严重短缺,1945 年成年公民每人每日的大米配给量仅为 300 克。在这种情况下,日本于 1946 年 12 月才开始恢复学校供餐计划,并于 1947 年根据盟军当局的命令,利用日军储存的罐头肉和鱼,以及亚洲救济署捐赠的奶粉、肉等食品向全国县级(相当于我国省一级)城市的 300 万名学童供应学校午餐。这是战后艰难时期的日本学校供餐计划的一个开端。学校供餐因受到学生及家长的广泛好评而得到更快的发展,截至 1949 年学校供餐的受益学生就达到了 720 余万名。到 1965 年以后,几乎所有的小学和 80% 以上的初中都实施了学校供餐计划。日本的"学校给食"既在困难时期保证了学生的身体发育所需要的最低限度的营养和热量,又通过在一起吃饭的形式培养了学生的集体主义意识,强化了个人与他人、与集体的连带关系,同时孕育了一种民族凝聚力。

通过法规进行管理是保障学校供餐计划持久、稳定、顺利发展的关键。日本通过制定法规,建立了学校供餐计划规范化的管理体系。1954 年日本《学校供餐法》的出台标志着学校供餐已形成一个较完整的制度体系。其后通过 10 次修改,《学校供餐法》日臻完善与成熟。《学校供餐法》第三条规定,学校供餐应当在"义务教育诸学校"(即《学校教育法》规定的小学、初中和盲童学校、聋哑学校、养护学校的小学部及初中部)实施。关于学校供餐的作用和目标,该法规定:"学校供餐有助于儿童及学生身心的健全发展,并且有助于国民饮食生活的改善"(第一条);"为了实现义务教育诸学校的教育目的,学校供餐必须努力达到以下各条所列的目标:①培养对日常生活中的饮食的正确理解和良好习惯;②丰富学校生活,培养社交能力;③谋求饮食生活的合理化、营养的改善和健康的增进;④ 引导对粮食生产、分配及消费的正确理解"(第二条)。^① 另外,《学校供餐法》还详细制定了儿童的营养标准和食堂面积的标准,以便于各校贯彻实施。此后,随着学校供餐进一步扩展到设置夜间课程的高级中学和特殊教育学校的幼儿部及高中部,日本又相继制定了《关于设置夜间课程的高级中学供餐的法律》(1956 年)、《关于盲童学校、聋哑学校及养护学校的幼儿部及高中部学校供餐的法律》(1957 年) 和一些配套法规。《学校教育法》则把"培养日常生活中必要的衣、食、住、产业等相关的基本理解与技能"作为教育目标之一。

有如此健全的法制、完善的计划,加上长期的运行,学校供餐的推行效果是非常显著的。日本文部科学省 2010 年公布的《学校给食实施状况调查》数据显示,在全国 32 377 所中小学中,有 30 641 所学校实施学校供餐,实施供餐的小学和中学分别占其总数的 99.2% 和 85.4%。再加上 1036 所特殊教育学校和 623 所夜间定时制高中,日本学校供餐的实施率约为 94.2%。日本共计 6 944 589 名小学生和 2 836 542 名中学生接受学校供餐,各占学生总数的 99.3% 和 79.4%。^②

经过战后 60 多年的发展,日本学校供餐的内容和方法越来越多样化,饮食搭配越来越讲究营养平衡,饮食环境也更加整洁,卫生状况也不断得到改善。现在,按照饮食的内容划分,日本的学校供餐可分为三类:①完全供餐。即饮食内容包括主食(面包或米饭等)、牛奶和菜肴的学校供餐;②辅助供餐。即饮食内容包括牛奶和菜肴等的学校供餐;③只供给牛奶的学校供餐。其中,第一种完全供餐是最主要的供餐形态。而且,日本正在努力推进米饭供给的实施力度。2010 年度的《学校给食实施状况调查》统计数据显示,日本小学的完全供餐实施率约为 98.1%,辅助供餐实施率约为 0.5%,牛奶供餐实施率约为 0.6%;中学完全供餐实施率约为 76.9%,辅助供餐实施率约为 0.6%,牛奶供餐实施率约为 8.0%。午餐中以米饭为主食的学校为 30 757 所,约占学校总数的 99.9%。^③

日本的学校供餐并非单纯意义上的向学生提供餐饮,而是被视为一项富有教育意义的活动。从对贫困、缺少食物学生的救济和服务于富国强兵的政治目的,到对学生的综合性教育,现在的日本学校供餐制度不仅为学生提供了营养均衡的食品,更强调以供餐为手段对学生进行教育。1989 年修订的《学习指导要领》更是把供餐指导定位在"班级活动"之中,这表明供餐指导在学校教育中

---

① [日]文部科学省.学校給食法[EB/OL].http://www.mext.go.jp/

② [日]文部科学省.学校給食実施状況調査[EB/OL].http://www.mext.go.jp/

③ [日]文部科学省.学校給食実施状況調査[EB/OL].http://www.mext.go.jp/

具有一定的地位。因而,在其实施过程中,各校都非常重视学校供餐在教育方面的作用,即:①教师和学生通过一起就餐而加深彼此间的友好关系,并使学校生活更富有情趣;②通过在准备和收拾餐具时的协作,学生能学会独立劳动和服务精神;③学生通过实际的食物而获得对它们的营养和饮食的正确了解;④学生通过实践获得对他们日常各餐的营养价值及良好饮食习惯的正确认识。

日本的小学实行校内午餐的最初目的是为孩子们提供营养成分均衡的餐食。但近年来,校内午餐开始被认为能够产生另外一些教育效果,并出现了形式多样的校内午餐。以东京都浅草小学为例,该校的午餐室成为孩子们的交流场所。浅草小学从大约 20 年前开始实行让不同年级的学生在一个宽敞的午餐室里共同进餐,这在一般小学中是比较特别的。浅草小学校长岸洋一如是说:"在学校里,不同年龄的孩子之间通常是很少交往的。但在午餐室里,不同年级的孩子们在同一张餐桌上吃饭,相互之间平时很少有机会说话的孩子们可以在一起交谈。"同时,他们每年还多次邀请社区的老人来这里与孩子们一起进餐,让孩子们学会与不同年岁的人们进行交流,以达到心灵教育的目的。此外,在浅草小学,还定期安排一些形式与平时不一样的午餐,例如孩子们可以在两种菜食中挑选一种自己喜爱的,或是在好几种菜肴中挑选自己喜爱的随意吃。为此,厨房的工作量很大,但孩子们却能感到非常快乐。①

日本制定了一套较为完善的学校供餐与营养改善法规,由政府依法集中实施统一的、以中小学生为主体的午餐计划,采取以低价优惠供餐为主、对少数贫困生免费为辅的做法,形成传统日餐与西餐相结合、学校食堂与配餐中心(中央食堂)相结合、供应午餐与营养健康教育相结合的不以盈利为目的的供餐运行模式,显示出有序运行、长期稳定并不断完善的特点。

(一)专门的管理机构和雄厚的财政实力支撑

日本的营养政策均由厚生劳动省制定,学校供餐的组织实施则由文部科学省及地方教育委员会负责。其中,文部科学省负责总体规划与宏观管理,具体实施与操作由地方教育委员会负责。文部科学省在都、道、府、县各级地方政府机构中都设有供餐科,专门指导学校供餐事宜,为中小学生提供标准食谱。学校健康中心负责全日本中小学学校午餐的运营管理。公共事务机构负责食品原料及物资采购等事务的办理。厚生劳动省负责从食品卫生的角度进行宏观指导与监督检查。专门的机构管理和多部门的良好互助协作,也是学校供餐工

①人民网(日本语版).日本小学万花筒[EB/OL].http://japan.people.com.cn/zhuanti/xiaoxue－4.html /2001-07-30.

作在日本得以顺利开展的关键因素之一。

政府的投入政策是推行学校供餐计划最有力的一项举措。现在日本学校供餐的所有开支可分为三部分：一是家长支付的学校午餐费，约占午餐经费总数的 43.1%；二是地方政府与团体负责偿付的部分，约占 50.4%，主要用于劳务费、厨房设施与设备费；三是国家政府补助，约占 6.5%，主要用于供餐补助、大米等农产品供给等。同时，日本政府为少数贫困生完全免费提供学校午餐。近年来，由于政府增加了对学校午餐的经费支付，由学生家长承担的费用已减少到三分之一甚至更少。以 2010 年度完全供餐为例，公立小学低年级和高年级学生每月午餐费补助分别是 4109 日元和 4140 日元，每年提供 189 次营养午餐；中年级学生每月午餐费补助是 4136 日元，每年提供 190 次营养午餐。小学生每份午餐费用约为 180 日元。公立中学学生每月午餐费是 4707 日元，每年提供 185 次营养午餐，每份午餐费约为 200 日元。① 中央和地方政府强有力的经费支持，既保障了学校午餐制度的持续发展，也为中小学生的健康成长奠定了坚实的物质基础。

(二)配备专职营养师和多样化的供餐方式

一直以来，日本十分重视营养人员的培养。早在"二战"后经济困难的条件下，在规划营养事业发展的初期阶段，日本政府就把营养人才的培养放到优先位置，并于 1947 年制定了《营养师法》。《营养师法》规定，营养师的学历至少是大学专科，且毕业后须经过两年培训并通过国家级资格考试后方能上岗。日本政府出台了政策，要求每个配餐中心、食品厂、学校、幼儿园、宾馆、饭店等都须设有 1 名或更多的专职营养师，否则不能开业。日本中小学普遍配备了专、兼职营养师。一般学生人数在 600 人以上的学校都配备有专职营养师，549 人以下的中小学校为 4 校配备 1 名。学校营养师受人尊敬，享受国家公务员待遇，负责午餐的调配和实施，以及向学生进行营养知识和饮食卫生知识教育，具体指导学生用餐。2010 年度，在实施学校供餐计划的 32 051 所国立、公立、私立中小学中，共计配备了专职营养教师 3476 人、学校营养员 12 199 人指导学校供餐，相当于平均每所学校有 0.5 名营养师，营养教师数量与学校营养员配备数量的比例为 1：3.5 左右。所谓"营养教师"系 2005 年 4 月新设的，主要负责全国公立学校的学校营养管理和学校供餐管理。此外，2010 年度日本公立学校的学校供餐炊事员共有 61 356 人，其中专职的 36 645 人，约占总人数的

①［日］文部科学省.学校給食費調査[EB/OL].http：//www.mext.go.jp/

59.7％；兼职的 24 711 人,约占总人数的 40.3％。^① 专职营养师与炊事员的配备为中小学生吃上合格的学校午餐奠定了良好的基础。

日本学校营养午餐的供餐方式主要有学校食堂与配餐中心两种方式,其中配餐中心都独立于学校之外,由地方政府认定,其规模不大,可以为周围数所学校供餐,送餐距离一般为 4 公里左右。日本学校供餐所需的食品原料供应,因地区和学校的不同采取不同做法。最简便的办法是由每所学校根据食谱要求直接从商家、批发市场、商贩、生产单位采购。2010 年,在实施学校供餐的 32 051所国立、公立、私立中小学中,采取单独调理方式(由学校食堂单独制作)的学校共有 12 615 所,约占总数的 43.1％;采取共同调理方式(由配餐中心生产配送)的学校有 16 026 所,约占总数的 54.8％;采取其他调理方式的学校有 614 所,约占总数的 2.1％。^②

(三)精心制订的营养食谱与和谐的就餐环境

日本营养师在制订食谱时,使其尽量接近日常饮食,各种食物搭配适当且构成多样,为了调剂学生的口味更是日餐、中餐、西餐换着样来。但是,万变不离其宗的是每餐都要保证营养均衡。其特点是:①每餐 206 克牛奶雷打不动;②严格按照儿童所需营养科学配餐,既为儿童发育提供充足的营养,又保证不会发生因营养过剩造成的心脏、心血管等方面的病症。

拓展阅读

学生供餐计划也是营养干预的最佳途径。日本政府从营养成分和食物种类两方面对学校代餐给予了严格的规定。参照厚生劳动省规定的日本人营养需要量,由文部科学省制定学校供餐人均营养需要量基准,规定每餐人均所需的营养标准及其食物构成,然后通知各都、道、府、县的教育委员会,再下达到市、乡级各学校,要求各学校按照实际情况,并考虑学生个体的健康及生活状况来实施。标准食品构成表的主要特点是:①食谱划分为两类;一类以面包为主食,另一类以米饭为主食;②食品的类别较多,达 15 类以上,反映出多样化的特点;③每一类均有液体牛奶,且单独列出;④大豆及其制品必不可少;⑤鱼、贝、藻类每餐都有,特别倡导食用钙及微量元素含量高的小鱼类;⑥重视搭配蔬菜、水果,并把绿色、黄色蔬菜与其他蔬菜单独计算;⑦适当控制肉类、蛋类及糖类;

---

①[日]文部科学省.学校給食実施状況調査[EB/OL].http://www.mext.go.jp/
②[日]文部科学省.学校給食実施状況調査[EB/OL].http://www.mext.go.jp/

⑧将中小学生爱吃的零食类列入食谱之中。总体来看,日本中小学校的食谱既保留了传统日餐的特色,同时也吸取了西餐的长处。

从硬件设施来说,政府对学校午餐就餐场所没有统一的规定,学校既可安排学生在教室用餐,也可在餐厅就餐。其实,日本很多学校没有足够的就餐设施。据统计,有约 75.7％的小学和 89％的中学没有专用食堂,因此,大多数学校都安排学生在教室就餐,通常将 4 张或 6 张课桌拼在一起,相对而坐,共同用餐。而且,在这些没有食堂的学校中,约 1/3 没有厨房。但依照《学校供餐法》规定,凡是学校食堂或学校供餐公司的管理者,不仅要有实际的料理业务经验,还必须取得营养师执照。也就是说,有厨房的学校要请专业人员做,没厨房的学校要从专门单位(配餐中心)订购,而且要有专门的老师负责每月与送餐公司商讨和制订菜谱。从外面随便订来便当填饱学生肚子了事是学校和法律都不允许的。通常情况下,班主任与学生在教室一起就餐,观察学生的饮食习惯,并有针对性地对学生进行营养指导,传播合理饮食的健康知识。

典型案例

日本是国际上推行学校营养午餐最广泛、最完善的国家之一,为保证学校供餐的安全,实施了严格的食品卫生与质量管理。但是,由于学校供餐规模大,涉及的学生群体广泛,管理中存在薄弱环节等原因,食物中毒仍不时发生,学校午餐的安全事件也常常成为媒体关注的热点。2011 年 2 月,北海道一所高中的一道西兰花沙拉放倒了超过 1500 名学生、老师和教职人员。经调查发现,这道沙拉在制作过程中被污染了。同年,日本福岛核泄漏事件之后,神奈川县一所学校的午餐牛肉中发现了放射性物质,让学生家长忧心忡忡。在东京,许多家长向政府提交联名请愿书,要求学校对学生午餐进行特别安全检查。

日本在实施学校供餐的过程中曾多次出现过不同程度的食物中毒事件。特别是 1996 年在大阪发生了肠出血性大肠杆菌 O157 引起的重大学校食物中毒事件,导致数千名学生中毒,5 人死亡,社会负面影响很大。此后,日本更加重视学校供餐的卫生管理,进一步健全了食物中毒预防体制,全面落实各项应对措施,其中包括配餐中心食品质量检查、学校供餐卫生管理与特别检查,并改善了食品检查手段,学校供餐的卫生状况得到了不断完善,并未因此而因噎废食、半途而废,停止学校供餐计划,这是值得我们借鉴与学习的。

据日本广播协会 1999 年 11 月 12 日的报道,自从大阪府堺市发生集体中毒事件后,日本关西地区各中小学为提高卫生管理水平进行了各种尝试。其中,在京都府的美山町出现了学校与生产者合作来确保食品原材料无农药的动向。

在与福井县接壤的山中之城——京都府的美山町,町府每天要向町内 6 所中小学的在校生提供午餐。自从堺市发生集体中毒事件后,日本文部省为了提高对学生用餐的卫生管理水平,将全国 10 个地方自治体定为研究地区。美山町被指定为山区的样板。

在宫岛小学,该校今天的菜单是:醋渍鱼、猪肉汤和柑橘。自从堺市发生集体中毒事件后,有些地方自治体以对卫生管理没把握为由放弃向学生提供水果,而美山町却恢复了一度停止的水果供应。

"柑橘中富含维生素 C,吃柑橘有助于预防疾病。"午餐时,老师向学生们讲解营养知识。

对于向学生提供水果,美山町存在着各种议论,但最后的结论是:只要增加水洗次数,彻底保证卫生,就能够确保安全。于是,营养价值高、深受学生欢迎的水果终于再度出现在学生的餐桌上。

美山町学生餐联合供餐烹饪所所长村田文雄说:"如果在烹调过程中或者在清洗蔬果的过程中能够确保安全,我们就有信心在午餐中提供水果。"

在蔬菜提供方面,美山町也进行了独特的尝试。虽然美山町在烹调蔬菜时都要进行加热,但该町仍然选用町内农户种植的无农药或低农药蔬菜,町府方面担心从大市场采购的蔬菜会因储存时间长而出现腐烂。

为了早日买到放心菜,美山町对农户进行了频繁的指导。一位农妇说:"大家都在为消灭食物中毒而努力。"

"文部省决定在明年春季到来之前总结美山町等指定地区的研究成果,以此作为全国地方自治体的供餐样板,"村田文雄所长说,"我们了解了各种情况后,在工作中转变了观念,为此,我们已开始提供水果,今后我们还想继续坚持下去。"

美山町的目标是:全町上下协同一致共同加强卫生管理,把学生餐作为教育工作的一个环节来对待。①

反思与启示

我国的学校供餐最早可以追溯到 20 世纪 80 年代初期在一些沿海城市兴

---

①凤凰卫视.日本努力确保中小学生用餐安全[EB/OL].http://news.sina.com.cn/society/1999－11－13/31226.html

起的"学校营养午餐计划"。经过30多年的发展,此项计划已经覆盖了我国约90%的大城市、70%的中小城市以及20%的农村地区。而后,自2011年10月起,中央政府正式实施"农村义务教育学生营养改善计划",由国家出资160亿元,对11个集中连片特困地区和3个享受特殊政策的地区,共计699个县的2600万学生提供校园午餐。加上接受社会资助的700万学生,中国目前享用"营养午餐"的学生人数已迅速升至世界第三,占全球总数的1/10。但是,我国的学校供餐毕竟还处于发展阶段。为了能更迅速、健康地发展,我们很有必要借鉴别人的经验。日本学校供餐的发展过程,就给了我们很多有益的启示。

一、发挥政府主导作用,把学校供餐的推广列入政府重要议事日程和工作计划

日本的经验证明,推广学生营养餐是平衡膳食、解决中小学生营养不良的有效途径,是提高学生健康水平和国民素质的重要举措,同时也是推动食品工业与餐饮业发展的一个突破口。而政府在推行学生营养餐计划中起着十分关键的作用,特别是在法规建设、政策扶持、规范管理、人才培养、科学研究、宣传教育和国际交流等方面,应发挥主导与组织协调作用。借鉴日本的经验,现阶段,我国要在推广城市的基础上,加强中央各主管部门尤其是综合协调部门的作用,今后首先要把学校供餐作为义务教育不可或缺的重要组成部分,列入政府计划之中,制定扶持政策。同时,教育、农业、科技等相关部门及推广城市,应结合各自职责给予推动,制定学校供餐试点与推广计划及中长期规划。

二、加强立法工作,将学校供餐纳入法制化管理

日本的经验证明,法律、法规管理是保障学校供餐计划持久、稳定、顺利发展的关键。在我国,营养立法滞后,学校供餐单独立法在短期内更难以做到。现阶段除了积极做好立法准备工作外,较为现实的办法是,推广学生营养餐的城市政府在现有工作经验和管理办法的基础上,制定出相应的规范管理条例。此外,由于学校供餐计划实施包括资金的筹措与使用,所以很有可能会出现资金不到位或滥用资金的情况。我国政府至今尚没有针对学生营养餐的经费预算和定期投入。因此,在现阶段尚未立法的情况下,只有由教育部门会同有关部门,依据国务院有关文件和领导批示,制定配套文件,赋予学校供餐计划永久的、合法的地位,才能使计划有序、健康地实施。

三、结合各地实际情况，坚持因地制宜、与时俱进原则，推动学校供餐正规化发展

经济条件制约着学生的营养状况。经济不发达时，学生的营养不良状况多发；经济发展后，学生则更多地出现营养不均衡和营养过剩的情况。我国的经济发展水平很不平均。东部和西部、城市和农村的学生营养状况也都出现了整体的差异性。所以，计划的内容要根据地方的实际情况以及历史发展阶段做出相应的调整，要从各地实际出发，在学校食堂制作和定点企业供餐的基础上，探索和完善学生营养餐的运行模式。同时，遵循"政府主导、企业参与、学校组织、家长自愿"的工作方针，鼓励政府与民间组织合作，以拓宽学校供餐的途径，使更多的学生受益。此外，各地还应采用现代化科学技术、工艺设备与管理手段，推动学生营养餐的生产由作坊式手工操作向规范化、工厂化生产转变，提倡适度规模经营。

四、严把卫生关和质量关，保证食物安全、营养与学校供餐工作的顺利开展

确保安全与营养是学生营养餐的核心和关键，也是学校供餐工作的最基本要求和能够持续正常开展的关键。因此，有关部门应依据《中华人民共和国食品卫生法》《学生集体用餐卫生监督办法》等法律法规，加强监督执法，重点加强对学生营养餐生产全过程的卫生监督与经常性检查。各生产单位要建立一套完善的卫生管理制度，落实到每个生产与供应环节，要安装必要的化验检测设备，及时进行卫生监测，严防中毒等事故的发生。同时，各生产单位还应按照《学生营养午餐营养素供给量标准》和《中国居民膳食营养素参考摄入量》等相关要求，并根据不同年龄阶段中小学生的生长发育和消化吸收特点，科学合理地烹饪，向中小学生供应货真价实、名副其实的学生营养餐。

"班级崩溃"现象:日本基础教育的顽疾

掌握学生的注意力,是教师工作中最细致且研究得还很不充分的领域之一。

——【苏联】苏霍姆林斯基

引言

"班级崩溃"一词源自日语的"学级崩壊",用来表述小学阶段教师权威的式微或丧失导致班集体的教育功能无法正常发挥,使用常规教育手段已不能解决诸如学生交头接耳、喧闹、作滑稽表情或怪异行为妨碍及干扰课堂的行为,不遵守班规、顶撞甚至打骂老师等课堂违规行为,课堂教学秩序长期处于一种混乱或失控状态。20世纪90年代中后期,日本小学的班级崩溃现象日趋严重,频繁见诸各大报纸、杂志与电视媒体等,成为社会各界普遍关注的热点。21世纪初,该现象蔓延到韩国,时至今日我国部分地区学校也已经出现了班级崩溃的苗头。

作为我国基础教育改革工作的指导性文件,《基础教育课程改革指导纲要(试行)》对于教师权威的消解和学生独立个性的培养成为构建师生关系的共同认识。该纲要中提出:"教师在教学过程中应与学生积极互动,共同发展,注意培养学生的独立性和自主性,引导学生质疑、调查、探究,促进学生在教师指导下主动地、富有个性地学习,教师应尊重学生的人格,关注个体差异需要,创设能主动引导学生参与学习的教育环境。"互动、共同发展、引导将教师放在与学生平等的位置,体现了新的教育生态环境下对师生关系的新要求,这无疑是对众多传统的师生观的颠覆。但是,过分提高一方是否会打压另一方,在实施过程中会否出现过分贬低教师的权威、张扬学生个性的现象,进而陷入班级崩溃的乱局呢? 研究与分析日本班级崩溃现象的特征、成因以及解决对策,对于重新审视我国教育,思考小学教育的理想形态不失为一种有益的尝试。

理论阐述

近年来,班级崩溃作为日本、韩国等儒家文化圈国家基础教育初级阶段较为突出的校园病理现象,日益成为社会多方关注的一个焦点问题。日本优质的中小学教育长期以来在国际上享有很高的声誉。但是,日本中小学中发生的"班级崩溃"、恃强凌弱、不登校等教育病理现象,使得人们开始从根本上重新审视和评价迄今日本基础教育的功过是非。进入 20 世纪 90 年代以来,日本加快了以新自由主义和市场原理主义为理论基础的第三次教育改革发展步伐,推进教育的"自由化""个性化""多样化"进程。国家对公共教育行政管制的逐步放宽以及教育领域中市场因素的介入,一方面改善了长期以来日本中央集权型教育行政的僵化死板和故步自封,另一方面也导致"教育荒废""校园暴力""班级崩溃"等校园病理现象的持续蔓延乃至恶化。20 世纪 90 年代中后期,日本的小学特别是小学低年级的班级崩溃现象日趋严重,班级教学秩序长期处于混乱或失控状态,致使教师难以有效地组织课堂教学,进而使得课堂教学效果大打折扣。最早对班级崩溃现象进行综合报道的媒体是在日本国内具有相当影响力的五大全国性、综合性对开日报①之一的《每日新闻》(地方版·静冈)(1995 年 2 月 12 日)。其后,"班级崩溃"一词频繁见诸各大报纸、杂志、电视媒体以及文部科学省的咨询报告中,并于 1999 年入选该年度"U-CAN 新语·流行语大赏"②的前十名流行语。

班级崩溃现象的社会背景及成因很复杂,通过相关学者的深入分析可以发现,任何一例班级崩溃事件的发生都不是孤立的个别事件,背后隐藏着社会环境、家庭环境、学校教育教学组织形式等主客观诸多因素的制约和影响。例如,(1)日本社会日趋严重的"少子化"现象导致儿童缺乏兄弟姐妹之间自然正常的交往经验。同时,由于居住环境的变化,儿童与同学一起玩耍的机会普遍减少,现实交流与沟通能力变差;(2)年轻一代的家长无法克服应试教育体制培养出来的思维定式,缺乏对孩子全面发展的正确理解,在家庭教育上过分重视孩子才艺、知识的培养,忽视了对孩子进行良好行为习惯和情感等其他方面的

---

①日本五大全国性、综合性对开日报包括:《每日新闻》《朝日新闻》《读卖新闻》《产经新闻》《日本经济新闻》。

②"U-CAN 新语·流行语大赏"创立于 1984 年,是由自由国民社出版社主办的活动。自由国民社根据《现代用语的基础知识》的读者审查员调查选出被民众广为使用、能反映当年度日本社会现象的新词和热词,每年 12 月上旬揭晓年度大奖及入围前十名的词句。

教育,从而导致对其教育不到位甚至走入误区;(3)日本小学把班级负责制作为主要的教学组织形式,仅由一名班主任教师来应对不断变化的学生集体。因此,当现代社会的富有个性和创造性的孩子适应不了追求整齐划一的流水线式的学校教育时,如果教师采用的教育方法和教育手段不当,或者一旦教师与学生之间的信赖、友好关系出现问题时,就会导致整个班级所有课程的课堂陷入混乱或失控状态。

20世纪90年代末至21世纪初期,众多日本学者对班级崩溃现象进行了全面深入的考察和研究工作,取得了丰富的第一手调研资料、问卷调查数据和研究成果①。区别于初、高中发生的"授课功能不全","班级崩溃"特指由班级大多数或全部学生的胡闹造成的"授课不成立状态",多发生在小学特别是小学低年级阶段。在部分私立小学高年级与初中,班级崩溃现象也时有发生,并且其境况更甚于公立学校。这是因为随着"少子化"问题加剧,私立学校面临严重的生源危机,一直处于惨淡经营状态,未免遭遇学校评估落榜甚而关门大吉,即便课堂处于班级崩溃状态,也大多采取遮掩或回避措施,长此以往,班级崩溃就会愈演愈烈。

拓展阅读

日本的班级崩溃现象缘何会发生在小学而不是初中、高中阶段呢?只要我们对日本基础教育教学的基本组织形式进行深入了解之后,即可一窥事情原委或端倪。日本基础教育的教学组织形式,按照教师职责的不同可以分为班级负责制(日语为"学级担任")和学科负责制(日语为"教科担任")两种。其中,(1)班级负责制亦称"班主任包班制",是指一名教师统揽一个班级所有学科的教学任务和教学时间里学生的道德教育、班级活动、生活指导等工作。该教育教学模式适用于日本的学前教育及小学;(2)学科负责制又称"教师科任制",是指一名教师负责一个学科的教学任务,包括该学科的多个班级的教学工作。学科负

---

① 例如,大石勝男他著『学級づくりにいきづまった時』国土社,1996年;今泉博著『崩壊クラスの再建』学要書房,1998年;向山洋一編著『学級崩壊からの生還』扶桑社,1999年;河上亮一著『学校崩壊』草思社,1999年;尾木直樹著『「学級崩壊」をどうみるか』日本放送出版協会(NHKブックス),1999年;小林正幸著『学級再生』講談社,2001年;金子保著『学級崩壊―授業困難はこうして乗りこえる』小学館,2001年;河上亮一著『学校崩壊―現場からの報告』草思社、2001年;村上龍著『教育の崩壊という嘘』日本放送出版協会(2001/2);等等。

责制适用于日本的初中和高中。

由此,我们可以看出在采用班级负责制的日本小学教育中,班主任老师发挥着极其重要的主导作用。班主任负责实施整个班级的包括学科课程(国语、数学、科学、音乐、体育等)和学科外课程(特别活动、道德时间、综合学习时间、英语时间等)在内的所有教育教学活动。因此,一旦班主任老师的一门课程"崩溃"了,那么整个班级的其他课程的课堂也就会陷于无序、混乱状态,无法正常运行。相对而言,由于初、高中实行学科负责制,各学科由不同的教师分别担任,或许部分科目可能会存在"授课崩溃"或"授课功能不全"的情况,但所有的科目都无法进行正常授课的现象并未发生过。

文部科学省国立教育政策研究所公布的《关于班级经营问题的现状及其应对》(1999)研究报告中,把"班级崩溃"划分为10种表现类型。其中,最为突出的当属以下两种案例:教师的班级经营策略方法单一,缺乏灵活性、多样性;学生对授课内容及教学方法持抵制与排斥态度。[①] 关于"班级崩溃"的具体表现特征,日本教育评论家尾木直树做出过如下表述:(1)班主任老师进入教室以后,教室里还人声嘈杂,学生不停地窃窃私语,即使老师提请学生注意,他们也充耳不闻;(2)有的学生不坐到座位上,更有甚者,如果一半左右的学生走到教室外面去,就有人向老师口吐脏话,或者施以暴力。这样,根本无法上课。时任埼玉县公立中学教导主任的河上亮一则这样描述崩溃的班级中学生的表现:已经开始上课了,还不进入教室;上课时交头接耳,老师提出警告后还不停止;上课时串桌,教室后面的学生玩捽跤游戏,目的是逃出教室;不愿打扫教室卫生;供餐时随便开始吃饭,好吃的东西马上就没有了;欺侮行为越来越激烈,事态难以控制。[②]

2007年,日本横滨市教育委员会对辖区内347所学校的5827个班级进行了关于"陷入无法开展正常班级活动困境的班级"的调查研究。其调查结果显示,75所学校的93个班级出现了班级崩溃现象。究其原因:(1)从教师方面来看,存在指导方法单一、管理力度不够;处理"班级崩溃"事件经验不足;独自包揽问题,不及时向专家或同行求助等原因;(2)从学生方面来看,存在品行规范意识淡薄;对教师及学校抱持不信任的否定态度;人际关系不良或交友不慎;学

①国立教育政策研究所.学级経営をめぐる問題の現状とその対応[EB/OL].https://www.nier.go.jp/kankou_kouhou/124komatsu.htm/1999.
②张德伟.日本小学班级崩溃问题的诱因与解决对策探析[J].比较教育研究,2001,(11):27-28.

习技能发育障碍等问题;(3)从家庭方面来看,存在家长对学校或老师理解不够,甚至产生一些误解;家长对孩子漠不关心;虐待孩子;环境变化(如搬家、转学、父母离异)等问题;(4)从学校方面来看,存在班级编制、指导方针、指导体制等问题。①

"班级崩溃"成因的复杂性和多样性给探讨其解决对策带来了极大的困难。虽然部分学者提出了许多解决问题的思路和对策,日本文部科学省和学校也采取了一系列政策措施,但实际效果却差强人意,并未有效遏制班级崩溃现象蔓延的势头。

(一)文部科学省采取的对策措施

为了切实把握班级崩溃的实际情况,日本文部省②委托国立教育研究所于1999年2月组织成立了"班级经营研究会",由研究人员、教育行政负责人和学校相关人士等18名专家组成的智囊团负责对班级崩溃现象进行多方调研。同年9月,该研究会公布了《围绕班级经营问题的现状及其应对》中期报告书。报告书认为,解决"班级不能很好地发挥功能的状况"(即班级崩溃)的根本措施就是"充实班级经营"。为了解决问题,重要的是"首先要切实把握每个班级的状况和孩子们的状态,从这个认识出发,具体地推进班级经营。"鉴于班级崩溃现象日益严峻,文部省从班级崩溃是由于教师的指导能力不足的认识出发,于1999年8月提出了如下紧急对策:要求都、道、府、县教育委员会依据自己的判断,向已经发生或有预兆发生班级崩溃的小学配置非专任的临时教师,使每班的教师数由现在的一名增加到多名,以加强对班级的管理。③ 这一举措在一定程度上可以有效地促进课堂管理,维持课堂教学的基本秩序,形成比较稳定的教学环境,有助于教学活动顺利展开。但是,由于有的临时教师未通过教师聘用考试,也未经过充分培训就直接任教,教学质量难以得到有效保障。也有学者认为此举将成为未来学校组织结构改革的准备,为基于财政困难的大幅度削减教员做好了准备。④

①横浜市教育委员会.「児童・生徒指導の手引」—いわゆる「学級崩壊」[EB/OL].http://www.city.yokohama.lg.jp/kyoiku/sidou1/jidoseito/pdf/shido—tebiki—12.pdf/2008.
②文部省于2001年战后日本第三次国家行政体制改革之际,与科学技术厅合并更名为"文部科学省"。
③张德伟.日本小学班级崩溃问题的诱因与解决对策探析[J].比较教育研究,2001,(11):30.
④佐藤学著,钟启泉译.社会的变化与教育改革的失败——逃避"学习"的日本儿童们(之五)[J].上海教育,2001,(16):58.

(二)学校采取的应对措施

班级崩溃多是在特定的地域、学校和课堂内发生的。从地域上来说,班级崩溃现象多发生在大城市郊外以及地方城市的新兴住宅区;从学校来说,班级崩溃现象频频发生在校方将班级经营的责任全部推到身处教育第一线的班主任身上的学校里;从班级来说,班级崩溃多集中在班级管理思想落后、班级管理方式单一、缺乏科学理论指导等执着于传统班级管理理念的年长教师的课堂里。①

有鉴于此,各校应结合学校实际,制定相应的应对措施和实施方案。在横滨市教育委员会下发的《儿童·学生指导手册》中的"班级崩溃案例的分析及应对措施"一章中关于校方的应对措施有如下描述②。

班级崩溃的初期应对措施包括:(1)构建班级崩溃应对团队,观察了解学生及正确把握班级状况,发现问题所在,探讨应对方针;(2)通过完善校内支援体制,改善问题班级的状况;(3)在面对学生的问题行为时,全体教职员应做到始终耐心细致,坚持不懈地进行指导;(4)结合班级实际,尝试导入学科负责制,采取"小班授课"或"TT"(Team Teaching,协同教学)教学模式,确立多位教师的协作教学体制;(5)就班级与学校现状以及今后的应对方针,积极与 PTA (Parent-Teacher Association,家长教师协会)及地区进行沟通,寻求它们的协作。

班级崩溃的中长期应对措施包括:(1)加强班主任与其他科任教师间的沟通联系,以"智慧集群"式班级管理方式破解班主任"单兵作战"困局;(2)为营造安静和谐的学习环境,全体教职员应合力制订《儿童基本生活行为习惯培养目标》;(3)推进个性化教学模式,创建以个体、小组等多种学习形式有机结合的班级学习共同体;(4)使班级的组织管理渗透学生的日常学习活动中,提升学生的班级归属感;(5)学校在对学生进行社会技能培养的同时,尤其应注重学生的社会规范意识教育;(6)校方应为教师提供应对课堂问题行为的具体指南,通过确认校内研修内容等,谋求教职员对班级崩溃现象的共识;(7)通过加强小学与幼儿园、保育园的沟通合作,掌握新入学儿童及其家庭、幼儿教育的实际情况。

此外,《儿童·学生指导手册》还提到,为了防范和应对班级崩溃现象,学校还应该保持与家庭、儿童咨询所、警察、市教委等专门机构的密切联系,加强沟

①佐藤学著,钟启泉译.渲染的危机与忽略的实态——逃避"学习"的日本儿童们(之一)[J].上海教育,2001,(12):61.

②横浜市教育委员会.「児童·生徒指導の手引」—いわゆる「学級崩壊」[EB/OL].http://www.city.yokohama.lg.jp/kyoiku/sidou1/jidoseito/pdf/shido-tebiki-12.pdf/2008.

通交流,寻求助力合作。

典型案例

在横滨市教育委员会发行的《儿童·学生指导手册》一书中,记录了关于班级崩溃的两则典型案例。①

案例Ⅰ:某小学一年级2班,从4月份开始的新学年开始,在上课铃声响起后,班上大约有5-6名学生出现如下情况:有的学生不能按照老师的要求坐在座位上听课,在教室内随意走动,或自由进出教室;有的学生没有准备好笔记本、教科书等学习用品;有的学生注意力不集中,不听老师的话;有的学生故意扰乱课堂秩序,寻衅滋事,辱骂甚至殴打同学。进入5月份,课堂上出现了一批趴在桌子上睡觉的学生,严重影响了课堂教学的正常进行。班主任老师联系学生家长进行沟通,希望通过家庭教育改善现状,但效果不佳。7月,在一直上课认真听讲的学生中也开始出现上课走神,不能安心学习的情况。

案例Ⅱ:一名小学六年级男生A,从新学年开始就有不做值日、不遵守班级纪律的行为表现。班主任老师继续对上学期的"问题学生"男生B和拒绝上学的女生C进行细心的指导。一段时间之后,男生A开始频繁地在课堂上做出滑稽表情以及奇怪的举动等故意惹人注意的行为。班主任老师对其进行批评教育时,男生A当众反驳、顶撞老师,称:"像B和C那样就行吗?"并开始在课堂上随意讲话,扔砸东西,或者跑出教室以逃避学习。班里的部分男生也开始仿效A的行为。以A为代表的这部分男生,不仅是不听从班主任老师的教导,也开始反抗其他学科老师的警告和斥责。最近,针对老师将工作重心放在应对男生的问题行为上,许多女生开始表露出"自己不被重视,被忽略了"的不满情绪。

在韩国,班级崩溃也成为教育界突出的学校病理现象和严重的社会问题。据韩国《东亚日报》2006年12月16日报道,韩国目前出现了教师在教室里失去权威的班级崩溃现象,学生捣乱,干扰课堂秩序,辱骂老师甚至对老师动粗等现象屡见不鲜。《东亚日报》与韩国教员团体总联合会对全国705名教师进行的问卷调查显示,每10名教师中就有4名老师曾被学生谩骂或殴打。目睹同事被殴打或听到同事被骂的教师更多,达62.3%。有教师说,实际上针对教师的言语暴力在中小学校园中已成为普遍现象。例如,一名小学教师在教训学生

---

①横浜市教育委员会.「児童・生徒指導の手引」—いわゆる「学級崩壊」[EB/OL].
http://www.city.yokohama.lg.jp/kyoiku/sidou1/jidoseito/pdf/shido-tebiki-12.pdf/2008.

时被学生骂道:"你给我闭嘴!"班级崩溃现象让教师的权威和形象丧失殆尽,然而一些教师对此却逆来顺受,称"已经习惯了学生骂老师"。教师们为了避免"惹祸上身",在上课时也不会叫醒睡觉的学生。韩国社会则对班级崩溃现象表示担心,认为身处这种恶劣环境当中,教师们难以拿出令人满意的教育成果。学生们都变成"逃学威龙",他们叛逆、反抗,不服管教,甚至公然辱骂教师,正常授课都没法进行,更别说进行人性化教育。①

反思与启示

课堂管理在课堂教学的整个环节中起着重要作用,可谓是整个班级经营的第一步。维持课堂教学秩序是教师进行课堂管理的重要任务。课堂教学秩序混乱直接影响到教学质量。日本小学的班级崩溃现象影响恶劣,不仅妨碍了正常的教学管理和教学秩序的形成,而且增加了教师的心理压力和困惑,并产生一定的心理恐慌和危机,例如认为自己不能有效地胜任工作,怀疑自己的执教能力等。甚至于部分教师会因为学生的过激行为而造成身体的伤害。班级崩溃现象愈演愈烈的最终结果将会使得学校教育遭到社会大众的质疑和否定。在我国的一些农村地区已经出现了准"班级崩溃"现象,并且呈扩散之势。② 对此我们应该给予充分的重视与关注。日本教育行政部门与学校围绕班级崩溃采取的一系列应对策略对我国的基础教育发展有着重要的警示和启示作用。

一、转变学校教育职能,重视学生的个性发展

对高学历的盲目崇拜是我国和日本社会普遍存在的通病。"唯学历是举"的社会用人制度使得从基础教育开始,学校教育职能就由发展变为选拔。随着社会上片面追求分数和升学率的风气愈演愈烈,一方面,学校在教学中只注重理论知识的系统传授,忽视了"授人以渔"以及学生的创新思维培养和个性发展;另一方面中小学生将学习作为未来谋生的手段,承受着巨大的学习负担和心理压力,久而久之就会产生厌学情绪和厌学行为。因此,要防范或从根源上杜绝班级崩溃现象在我国的发生,改变社会对学历的盲目崇拜和片面的人才观与失衡的用人观,转变学校教育职能,重视学生个性发展,建立科学、多样的教育评价标准势在必行。

①张家智.韩国小学"班级崩溃"现象及原因分析[J].外国中小学教育,2007,(3):24-27.
②莫国秀.浅谈农村教育中准"班级崩溃"的问题[J].广西教育,2003,(10):11.

二、适度消解教师权威，构建师生间平等的双向互动关系

日本小学的班级崩溃多发生在班级管理思想落后、班级管理方式单一的年长教师的课堂里。同时，"一师天下"的班级负责制也导致部分教师滋生了"唯师独尊"的强权心态。再加上单向、高压的灌输型教学方式使得长期处于被支配地位的学生容易产生厌学心理和对教师的抵触情绪。这种不和谐的、僵化紧张的师生关系容易营造出消极的、沉闷的，甚至一触即发的课堂气氛。要克服学生的厌学或抵触情绪，就要适度消解教师权威，构建平等的双向交互型师生关系。

三、转变传统课堂教学观念，建立"以学生为主体、教师为主导"的教学模式

无论是我国还是日本，受传统陈旧的课堂教学观念的制约，"一言堂""满堂灌"的现象普遍存在。课堂上教师与学生缺乏互动，一切以"教"为中心，"学"围绕"教"转，形成以教师为本位的教学关系。由于不是真正以学生为主体组织教学，所以对学生而言课堂是枯燥乏味的、单调呆板的，缺乏吸引力。因此，课堂教学应做好师生角色转化，将"教学"逐步转为"导学"，根据学生的实际情况革新教学方式和教学内容，导入体验性学习活动，吸引学生积极主动地参与到知识获得的过程中来。

四、弥补家庭教育缺失，强化家校之间的有效沟通

家庭教育的缺失和不到位导致学生在其成长过程中容易出现情绪失控和品德缺失等问题，也是引发班级崩溃现象的诱因之一。有效的家校合作能密切师生和亲子关系，是促进学生健康发展的关键。苏联教育家苏霍姆林斯基曾指出："教育的效果取决于学校和家庭教育影响的一致性。如果没有这种一致性，那么学校的教学和教育过程就会像纸做的房子一样塌下来。"但是，中日两国的家庭教育都存在一味注重孩子的智力开发，忽视孩子心理素质和个性品行培养的问题。因此，加强学校与家庭之间的双向沟通，使教师与家长就学生在校、在家的学习与生活动态及时沟通，在教育思想上达成共识，才能提高教育质量，增强教育合力，有效促进学生的健康成长。

校园欺侮与校园暴力

教育儿童通过周围世界的美、人的关系的美而看到精神的高尚、善良和诚实,并在此基础上在自己身上确立美的品质。

——【苏联】苏霍姆林斯基

引言

欺侮问题没有国界。校园欺侮现象在每一所学校都存在,并有愈演愈烈之势,已经逐渐成为世界范围内比较普遍的现象。校园欺侮不仅对被欺侮学生的身心健康造成严重侵害,也极大地破坏了学校的正常教学秩序,侵蚀了健康和谐的校园文化。如何防范和有效制止校园欺侮,是摆在各国教育者面前的一大重要课题。在日本,因校园欺侮和校园暴力导致的逃学等一系列问题已经变得越来越严重。随着接二连三因欺侮引发的学生自杀事件频仍出现于日本报纸头条,校园欺侮赫然成为日本的一个重大社会问题。据日本国立教育政策研究所2009年公布的一项针对首都圈中小学生的问卷调查结果,超过八成的学生有过欺侮他人或受欺负的经历。

目前,校园欺侮在我国也已经成为一个普遍、严重而又缺乏足够重视和干预的问题。我国对于校园欺侮问题的关注起步较晚。早期的研究者都是从“攻击性行为”的角度关注校园中的此类问题。由于这一研究视角只重视直接身体欺侮,忽视了采用言语手段或社会拒斥手段进行的欺侮,因而对问题普遍性的估计不足。由于存在以上情况,校园欺侮问题往往得不到足够的重视和及时的干预,许多欺侮事件直至严重恶化以后,甚至已经到了触犯刑法的程度,才能引起教育者的注意和社会的关注。面对校园欺侮,教育者并不是无能为力的。日本的校园反欺侮实践证明,教育机构通过努力可以减少欺侮行为的发生率。校园反欺侮是一个系统性的长期工程,应该结合从宏观层面到微观层面的多种措施,以求实现无欺侮的、安全的校园环境。

理论阐述

　　校园欺侮是日本孩子的校园生活中挥之不去的成长之痛，是日本中小学校园中一道刺眼的风景。校园欺侮不仅为教育研究者所关注，它也已经成为日本全社会共同关心的问题。在日本，校园欺侮与校园暴力是两个不同的概念。校园欺侮在日语中被称为"いじめ"(IJIME)；校园暴力被称为"暴力行为"，属于暴力型欺侮，其具体表现形式为对教师的暴力行为、学生间的暴力行为、对其他人的暴力行为以及损坏器物等。关于校园欺侮，日本文部科学省初等中等教育局曾做出如下的定义："所谓校园欺侮，指向比自己弱小的人所施加的身体、心理上的攻击。该攻击具有单向性、持续性，使对方感觉到深刻的痛苦。而且这种攻击所发生的场所不限于校内。"而日本警视厅对此给出的定义则有所不同："所谓校园欺侮是指个人或数人反复、持续地对特定的个人或数人进行肉体上的攻击，或通过言行进行心理上的迫害，如威胁、骚扰、将其孤立、无视其存在，从而给其带来痛苦。（不良少年团体及暴走族的对立抗争不包含在内）"这两种定义的不同之处在于：前者站在受害者一方，即只要受害者"感觉到痛苦"，该行为即被认定为"校园欺侮行为"；后者则站在加害者一方，着重于强调"给别人带来痛苦"。①

　　2011 年 8 月 4 日文部科学省公布的 2010 年度对学生问题行为进行的调查结果表明，日本全国国立、公立、私立小学、初中、高中及特殊教育学校经认定是校园欺侮事件的件数达到 75 000 件，平均在每千名学生中发生 5.6 件欺侮事件。其中，小学中欺侮行为的发生件数是 35 988 件，初中 32 348 件，高中 6617 件，特殊教育学校 342 件。经认定发生校园欺侮的学校有 15 675 所，约占学校总数的 42.2%。通过问卷调查等手段发现的欺侮事件约占 26%，被欺侮者主动告发的约占 23.1%，班主任发现的约占 19.9%。2010 年度，日本全国国立、公立、私立小学、初中、高中及特殊教育学校中因受欺侮而自杀的学生为 4 人。校园欺侮事件的具体表现形式（含复数回答），顺序由高到低依次为："嘲笑、戏弄、说坏话、恐吓等"(66.7%)、"受到集团排斥等"(20.7%)、"遭受轻撞、踢打"(20.2%)、"遭受重撞、踢打"(6.3%)、"遭受个人电脑或是手机等中伤等"(3.9%)、"遭受勒索钱财"(2.3%)。②

---

①张杰.浅谈日本的校园欺凌问题[J].中国电力教育,2008,(12):233-234.
②文部科学省.平成22年度「児童生徒の問題行動等生徒指導上の諸問題に関する調査」について[EB/OL].http://www.mext.go.jp/20-42.

2010年度,日本全国国立、公立、私立小学、初中、高中经认定是校园暴力事件的达到59 000件,平均在每千名学生中发生4.4件暴力事件。其中,小学中暴力行为的发生件数是6952件,初中42 114件,高中9833件。其中,校园暴力中对教师的暴力行为(8844件)、学生间的暴力行为(33 595件)、对其他人的暴力行为(1850件)、损坏器物(14 610件)。①

总体上,2010年度日本小学、初中、高中的校园暴力事件同2009年度相比呈下降趋势。然而,小学生的校园欺侮事件却增加了3.5%。关于小学生校园暴力事件增加的原因,文部科学省儿童学生课分析说:"忍耐性和交际能力差的儿童不能用语言表达自己的心情而走向暴力的情况很多。"在小学里,孩子问题由班主任一个人负责而不是由学校整体或有关组织一起参与,其结果是,问题被搁置,一部分儿童还有反复出现暴力行为的倾向。

拓展阅读

所谓"校园欺侮",又称"校园欺负",指的是一种长时间持续的,对个人在心理、身体和言语上进行恶意的攻击,且因为欺侮者与受害者之间的权力或体型等因素不对等,受害者不敢或无法有效地反抗的现象。校园欺侮的欺侮者可以是个人,也可以是群体,透过对受害人身心的压迫,造成受害人感到愤怒、痛苦、羞耻、尴尬、恐惧以及忧郁。校园欺侮不只发生在校园,也可能发生在校外,甚至在互联网上。随着科技进步,即时通讯软件、网络论坛、电子公告牌(BBS)、博客等交流平台也成为欺侮事件的发生场所,欺侮者通过网络或电子邮件以文字和图像等形式散布个人隐私、对他人进行诽谤中伤的行为,称为网络欺侮。欺侮的种类包含肢体欺侮、言语欺侮、关系欺侮和非直接欺侮4种②。其中,关系欺侮是指通过恶意造谣和社会拒斥等方式使他人处于同伴关系处境的不利地位。欺侮是一种反社会行为,对受害人造成的后遗症相当多,包括离家出走、逃学、出现慢性疾病、自杀和饮食不正常等,甚至有可能逼迫受害人产生报复性攻击行为,或使受害人转而欺侮他人;对加害人也有一定影响,这些加害人成年后的犯罪率、酗酒现象比例相当高。

---

①文部科学省.平成22年度「児童生徒の問題行動等生徒指導上の諸問題に関する調査」について[EB/OL].http://www.mext.go.jp/5-19.

②国际在线.青少年网络欺凌问题与防范对策[EB/OL]. http://gb.cri.cn/27824/2011/11/03/5551s3424348.htm/2011-11-03.

日本的校园欺侮具有形式的多样性、过程的隐蔽性和结果的突然爆发性等特征。这是一种只有身处其中才能感受到的问题。它可以是通过小集团对一个成员的疏远、孤立与拒绝，或是通过言语的肆虐、侮辱、诽谤与谩骂，或是采用身体动作的威胁、恐吓与攻击，或是设置圈套、逼人就范，或是藏匿书本文具、扒衣脱裤、抢要财物、直接挑衅，等等。欺侮过程往往是学生间心照不宣的，在极其隐蔽的情境中进行，老师或其他局外人很难发现。当欺侮发展到一定程度而使被欺侮者无法忍受时，便会以极端的方式表现出来，或因无力反抗而自虐、自残、自杀，或因极力反抗而纵火、毁物、杀人。

日本中小学的校园欺侮、暴力事件等为何如此频繁多发？日本的教育研究者往往归因于：当前社会生活节奏加快；网络、电视媒体的负面影响；父母离婚率高；父亲与子女的交流机会少、母亲溺爱导致青少年养成自我中心性格；教育内容失衡与方法不当；学历社会带来的高压环境同富裕生活导致奋斗目标缺失之间的严重冲突以及日本民族强烈的"集团意识"等①。此外，亦有研究者认为，从日本的传统文化角度对校园欺侮现象加以分析可能会更加切中问题的要害。因为个体的发展不是孤立的，他生存在一个既存的社会文化情境之中，个体的发展过程在某种程度上就是对既存文化的继承与发展，甚至在某种程度上复演着既存文化的历史发展过程。日本千百年来形成"强者崇拜"的民族传统文化性格特征。校园欺侮中的受害者往往得不到应有的关心和支援，遭遇欺侮的学生到了实在受不了时，学校经常采用的办法就是让其回家躲避一段时间，理由是进行欺侮的学生并没有什么错误。在日本，"强者崇拜""恃强凌弱"的文化形成一种根深蒂固的生存现实论，过错似乎总是在弱者或受害者一方，在校园问题上似乎没有对与错的标准，而只有强与弱的区分。日本的教育在某种程度上生动地演绎并传递着日本"强者崇拜"的传统文化，欺侮与被欺侮是日本中小学生的普遍体验，是每个孩子在成长过程中必须经历的"阵痛"。不勇于对传统文化进行理性的分析、大胆的批判与深刻的变革，日本教育中以校园欺侮为代表的诸多问题便无从根治。

为遏制校园欺侮事件，保持校园环境的和谐，日本政府做出了不懈努力。2006年11月29日，直接受命于日本首相安倍晋三的教育重建委员会向政府提交了报告，发布了一系列治理校园欺侮的措施，要求对欺侮学生采取严厉措施。委员会敦促地方政府的教育部门对未能及时制止欺侮的教师进行惩罚。

---

① 郭振有.校园欺侮的根源——读日本学者《共生的理想》[N].中国教育报，2002-10-29，(6).

委员会呼吁学校不要隐瞒欺侮案件,而是与当地社区和家长共同解决问题。教育重建委员会的紧急建议包括八大核心措施,其中一条是各学校建立一支专门解决校园欺侮问题的工作组。地方教育部门也被要求组织专门针对校园暴力的网络力量。这些措施还包括将欺侮宣布为反社会行为,在欺侮发生时袖手旁观、不进行干预的,也将承担责任。教育重建委员会还表示,被欺侮的受害者可以在不改变家庭住址的情况下转到另外一所学校,并呼吁对此政策加大宣传力度。同时,教育重建委员会还要求中小学制定出针对欺侮行为的明确的惩戒标准,并对查出欺侮他人的学生,以及对未能及时干预,甚至纵容欺侮的教师采取严厉措施。在惩戒手段方面,教育重建委员会建议让欺侮他人的学生参加社区服务活动,或对他们进行单独教学。教育重建委员会的建议还明确指出,校长和教师应该为欺侮问题的解决负主要责任。委员会还呼吁各家庭为孩子做好防范欺侮的准备,协助政府解决校园欺侮问题。对于教育重建委员会提出的一系列防范校园欺侮的措施,有观察家认为,很难说这些治理措施将起到什么样的效果,因为它们并没有法律约束力。[①]

关于校园欺侮是家庭的还是学校的责任这一问题,作为日本五大全国性、综合性对开日报之一的《读卖新闻》曾经做过一份全国性的问卷调查,针对造成校园欺侮的主要因素有哪些这个问题,从 8 个选项中选择"父母未能教给欺侮者社会规则"一项的回答者比例最高,约占 65%。其他认为教师能力缺乏的约有 48%,而约 45% 的人责怪学校通过隐瞒欺侮事件逃避责任。尽管大多数人认为家庭应该承担更大的责任,但日本的一些学校已经开始了防范校园欺侮及暴力的教育。例如,大阪市教育局在其 920 所公立小学和初中实施了一个"赋权"项目,以帮助学生获得保护自己免受暴力和欺侮的技能。在这个"儿童赋权支持导引"项目下,学生通过各种游戏和角色扮演活动,提高自己对暴力的防范能力,其中包括增强自己的心理力量。该市教育部门在 2007 年夏天首次将其作为一条防范犯罪的措施引入中小学,并认为对校园欺侮也会有效。这个项目包括四方面的内容:归属感、边界、情感与力量。例如在"边界"这部分,学生每两个人一组,通过游戏和其他活动让他们意识到,他人有不可逾越的身体和心理边界。学生通过这个项目还可获得防范暴力的技巧,如明确告诉对方自己不喜欢什么,或两眼直视对方。在"情感"部分,学生将学习如何控制自己的愤怒情绪,以及避免使自己的情绪爆发成暴力的技巧,如一边想象一朵鲜花在面前

---

①中国教育新闻网.日本教育重建委员会:紧急出招治理校园欺凌[EB/OL].http://www.jyb.cn/xwzx/gjjy/gjgc/t20061206_53194.htm/2006-12-06.

盛开,一边深呼吸。这个项目教给学生防范欺侮的方法还包括鼓励学生寻找自己及其他同学的优点和与众不同之处,让他们意识到每个人都是特别的。①

据《读卖新闻》报道,公立小学和初中通常不愿对欺侮他人的学生实施停课,即便这是一项阻止学生严重伤害他人的合法措施。在 1996 年至今的 464 起初中停课事件中,涉及学生欺侮的只有区区 24 起。尽管教育重建委员会的紧急建议呼吁教师采取严厉措施遏制欺侮,但长期以来,学校一直在抱怨有关停课的标准模糊不清,使得他们难以采取行动。日本的《学校教育法》规定,公立小学和初中不能开除学生,但市级教育部门有权利对那些一再对其他学生造成身体或心理伤害的学生实施停课。自从 1985 年以来,被实施停课的学生的数量每年都在持续下降。在过去 10 年中,共有 6 年的时间初中没有一起有关欺侮的停课事件。在 1998 年,日本中央教育委员会曾发布一个报告,鼓励中小学校长将停课作为一种处罚措施。全国教育改革委员会于 2000 年也发布了一条类似的建议。在 2001 年,日本文部省发布的一则通知将欺侮归入可实施停课的一类违纪行为。但是,这条措施并没有得到很好的执行。"欺侮通常在教师不在的时候发生,因此即便有受害者反映他们被欺侮了,也很难为欺侮者的监护人提供证明他欺侮别人的证据。"东京的一名初中校长道出了苦衷。东京一名小学校长说:"没有实施停课的具体标准。如果我们对孩子实施了停课,一些家长会指责学校缺乏管教好孩子的能力。"而且,被停课的孩子也没有可去的地方。教育重建委员会的一个委员说:"我们需要一个让这些孩子重返学校的再教育项目。"一名初中校长也认为:"我们需要对欺侮者提供指导,还需要讨论如何为停课学生提供一个再教育的项目。"②

此外,日本政府还希望有更多的经费来解决因校园欺侮引发的学生自杀问题。为此,有两方面的工作都急需用钱:一是对欺侮进行更加准确的研究,这不能依赖学校的自查报告;二是为学校配备更多的辅导员。日本政府之所以感到如此急迫,一方面是为了平息公众的批评之声。政府此前所做的关于校园欺侮的调查研究被认为存在着严重的问题,令人痛心。文部科学省每年对小学和初中欺侮问题的研究所描绘的图景被普遍认为是"粉饰太平"的。批评者认为,政府调查所用的方法仅仅分析了每所学校提交给教育部门的报告,使结果遭到扭曲。

---

①新华网.校园欺凌 日本学校难解问题[EB/OL]. http://news.xinhuanet.com/world/2007-02/12/content_5727480.htm/2007-02-12.

②中国教育新闻网.日本教育重建委员会:紧急出招治理校园欺凌[EB/OL]. http://www.jyb.cn/xwzx/gjjy/gjgc/t20061206_53194.htm/2006-12-06.

　　据《东京新闻》消息,为了应对和解决在各类校园中频发的欺侮事件,2012年8月30日,日本文部科学省决定,增加在全国的中小学和教育委员会内配置的校内辅导员和校内社会工作者,增加人数规模达到上千人。① 文部科学省希望这一举措能够与自治体强化对学校支持工作等相关措施相结合,共同组成"校园欺侮对策综合推进事业",并为该事业划拨了总额达到10亿日元的预算,并已纳入2013年的年度预算中。据悉,2010年度,日本已经向全国各地学校中派遣具备临床心理专业知识的校内辅导工作人员达到6千人以上。不过,2011年的东日本大地震发生后,很多人员都被转派往灾区。文部科学省经过分析调查了解到,对学生们心理辅导措施的充实和更加完善的校内咨询环境,对于预防校园欺侮都是十分有效的,因此做出了这一决定。

典型案例

　　随着互联网技术的进步与发展,网络欺侮已成为全球性的社会问题。日本的通信业非常发达,其互联网的普及率已高居世界前列。日本中小学生互联网使用率的不断攀升,在为中小学生开阔认知的同时,也诱发了许多社会问题。近年来,日本中小学网络欺侮问题凸显,引起了社会各界的关注。

　　日本文部科学省关于网络欺侮的实况调查始自2006年,其调查结果显示:2006—2008年,在全国所有中小学(包括特殊教育学校)校园中,发生的网络欺侮事件分别为4883件、5899件、4527件,在全部校园欺侮事件中所占比例分别为3.9％、5.8％、5.3％。其中,小学发生的网络欺侮事件及在小学校园欺侮事件中所占比例分别为466件(0.8％)、536件(1.1％)、457件(1.1％);初中发生的网络欺侮事件及在初中校园欺侮事件中所占比例分别为2691件(5.2％)、3633件(8.4％)、2765件(7.5％);高中发生的网络欺侮事件及在高中校园欺侮事件中所占比例分别为1699件(13.8％)、1705件(20.3％)、1271件(18.9％)。可见,随着年级的增长,网络欺侮的受害者也出现随之增多的趋势,特别是高中生的网络欺侮问题尤为严重。②

　　在日本,用手机将某个同学受欺侮的画面拍摄下来,制成动画上传到网上,

　　①日本新华侨报网.日本增派千余名校内辅导员　面向校园欺凌事件"宣战"[EB/OL].http://www.jnocnews.jp/news/show.aspx? id=57317/2012-08-31.
　　②国际在线.青少年网络欺凌问题与防范对策[EB/OL]. http://gb.cri.cn/27824/2011/11/03/5551s3424348.htm/2011-11-03.

成为中小学校园内非常流行的欺侮手段之一。这种欺侮方式给受害者带来的伤害极大,轻者会退学或转学,重者则走上自杀之路。2006 年 11 月,日本北海道白陵高中的一些学生将同学受欺侮的动画上传到著名匿名留言板"2 频道"上,使得受害男生的处境非常困难。2007 年 7 月,兵库县神户市须磨区私立高中一名高三男生因不堪网络欺侮跳楼自杀。警方调查显示,施加欺侮的学生不仅多次给该男生发送勒索金钱的邮件,还将在电车上强迫其唱歌的动画及其裸体照片上传到网站。该男生对同学的欺侮无能为力,最终走上了自杀之路。

利用手机邮件进行恐吓、要挟也是日本中小学校园中比较流行的网络欺侮方式。一些学生利用手机邮件的隐蔽性,发送一些恶毒匿名邮件给同学,进行恐吓、诽谤。2006 年 11 月,奈良县发生了一名初中一年级男生因多次收到包含"郁闷""令人生厌""最差劲"等诽谤中伤内容的邮件,而逐渐变得抑郁,最终退学的事情。更加值得关注的是,很多日本中学生以给朋友发送恐吓邮件为乐,当看到朋友看邮件时的惶恐表情时,他们会有一种快感。这种畸形的欺侮行为在令人震惊的同时,也反映出日本中学生间友情的淡薄。

此外,利用网络上以学校为名称的网络留言板说同学坏话,或在个人网页上发布不堪的文字侮辱对方,也是较常见的欺侮方式。2006 年 10 月,宫城县仙台市初中三年级一名男生因不堪网络欺侮而退学。他的两名同学从 10 月上旬到中旬,持续不断地向以学校为名称的留言板发布"去死"等诽谤中伤该男生的留言,并公布了该男生的真实姓名。一名刚刚转学到京都市伏见区的男生,为了结交新朋友,他将自己的个人网址告诉了部分同学。不久,他的网页上就出现了"傻瓜""去死"等留言,此后的日子里,欺侮现象逐步升级,甚至有人向其勒索金钱。该男生由此患上抑郁症,不得不退学。[①]

总之,这种在网络上曝光同学的隐私、上传同学受欺侮的动画,或者在网上造谣、附和取笑别人等极其恶劣的网络欺侮行为已成为日本中小学生比较热衷的校园欺侮方式。

反思与启示

结合对日本校园反欺侮经验的研究,我们对于我国的校园反欺侮措施提出以下建议。

---

①中国教育新闻网.各国对校园欺凌态度:零容忍[EB/OL]. http://www.jyb.cn/xwzx/gjjy/gjgc/t20070314_70198.htm

一、社会水平的反欺侮行动

反欺侮不仅需要学生、家长、教师和学校的努力,也需要整个社会的努力。社会水平的反欺侮行动目标应从法规、政策和组织机构上为校园反欺侮行动提供支持和保障。第一,由于法规政策的不完善,教育者在处理欺侮问题时经常面临无据可依的困境。因此,只有健全法规政策,才能为校园反欺侮提供法律保障。第二,从日本的经验来看,其反欺侮措施是由教育权力部门直接筹划和发动,以保障校园反欺侮行动的实施范围和效果。因此,我国应加强教育行政部门对反欺侮的重视程度,督促学校实施反欺侮措施,并且通过对欺侮问题发生频率的调查对校园的反欺侮工作做出评估。第三,建立校园欺侮援助机构。日本有一些专门针对校园欺侮问题提供援助的政府组织或民间组织,其功能是为受欺侮者提供法律援助和心理辅导,也为家长提供建议。一些受欺侮者虽然有寻求帮助的强烈愿望,但不愿意向老师和家长透露真相,而这种面向社会的校园欺侮援助机构可以通过热线电话、专题网站或者接待室等形式为他们提供有效的支持。

二、校园水平的反欺侮行动

校园是反欺侮的主战场。校园水平的反欺侮行动目标是促进安全校园气氛的形成,主要包括以下三个方面的措施:第一,教师培训活动。通过培训,促进教师认识到校园欺侮问题的普遍性和严重性;使教师了解欺侮行为的多种表现形式;加强教师对欺侮事件的敏感性,使教师能够及早发现欺侮事件;提高教师干预欺侮事件的技能。第二,宣传教育活动。通过主题活动周、活动日、板报、校报、家长会、专题演出等形式宣传学校反欺侮政策,促进安全校园气氛的形成。第三,加强对欺侮事件常发地点的监控。学校应该加强对欺侮事件常发场合的监督,注意课间和午休时间学生的活动。可以设立专职的午休监察员、课间活动监察员等,使学生有安全感。制定并严格执行教室行为守则,每堂课的任课教师都有责任保证教室内的安全。

三、班级水平与个体水平的反欺侮行动

班级水平的反欺侮行动目标是建立良好的班级心理环境,改善学生尤其是受欺侮者的同伴关系。除了日常的班级教育活动之外,一种有效的手段是支持性同伴团体策略。个体水平反欺侮行动的目标是对班级中的欺侮者进行教育

和转化，为受欺侮者提供支持和保护。欺侮者往往是自控能力和同情心发展较差的学生。通过角色扮演活动、讨论会、自控能力训练和移情能力训练可以使情况得到有效的改善。开设专题课程或利用自编话剧等形式教会学生在受欺侮情境下如何采取恰当应对措施，可以使学生学会有效地保护自己并积极报告欺侮事件。

校园欺侮是一个具有普遍性的问题，任何人都不容回避。只有充分认识校园欺侮问题的普遍性和严重性，并且通过全社会的共同努力，才能创建出让社会满意、家长放心、学生可以愉快而高效地生活于其中的安全校园。

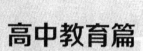

高中教育篇

从选修课视角看日本普通高中课程改革

课堂决定着一个民族的未来。

——【瑞士】裴斯泰洛齐

引言

纵观 20 世纪 90 年代以来世界上主要国家教育改革的历程,无不把课程改革放在前所未有的高度予以重视。瑞士著名教育学家裴斯泰洛齐说过:"课堂决定着一个民族的未来。"教学的关键就是课程问题。课程改革是全面提高教育质量的关键环节和重要抓手。在世纪之交的基础教育课程改革中,我国和日本在课程培养目标、课程结构、课程门类、课程内容、课程实施与管理等方面,尽管存在着极大的差异,但也存在着诸多的相似之处。2008 年 4 月,随着新修订的《学习指导要领》的颁布,日本拉开了新一轮基础教育课程改革的序幕。这是自"二战"结束以来由日本政府主导的第七次课程改革,"基础性""多样性"和"选择性"是此次改革的三大关键词。

战后 60 余年来,日本的高中教育在改革中求发展,担负着向高等学校输送合格毕业生和为社会培养合格劳动者的双重任务,为日本社会的进步做出了重要贡献。日本新一轮高中课程改革传承了培养"生存能力"的教育理念,增加了基础必修课程的教学课时,减少了作为"宽松教育"代表的综合学习时间和选修课的课时;加大了学校课程设置的自主权,充实并丰富了选修课的种类和内容;倡导了"自主""合作""探究"的学习方式,以期扭转"学校宽松教育导致学力低下"的尴尬局面。

理论阐述

日本普通高中的教育课程是根据日本文部科学省颁布的《高中学习指导要领》进行决策和设置的。《高中学习指导要领》是日本高中课程开设的唯一政策性指导文件,它既规定了各类高中课程开设的共同要求,也为不同类型、不同学校的课程开设提供了广阔的可供选择的空间。日本文部科学省自 1947 年制定了第一版《学习指导要领》后,基本上每隔十年就会对其进行重新修订。本文拟通过对战后日本《高中学习指导要领》历次修订过程的梳理研究,回顾日本高中选修课的发展与演进。①

一、日本高中选修课的历史发展

(1)1947 年版和 1951 年版《高中学习指导要领》。"二战"前,日本的中小学课程在行政上长期处于中央高度集权的统一控制之下,在内容上充斥着大量军国主义和极端国家主义方面的思想和元素。这种以高度统一为核心标志的课程管理体制导致地方、学校以及广大教师沦为执行工具,严重地束缚着他们的课程决策和课程开发的自主性、积极性和创造性,严重影响和制约着中小学教育的健康发展。课程内容的军国主义化、极端国家主义化则使得日本教育沦为日本军国主义的帮凶。《美国教育使节团报告书》在对这种课程进行尖锐批判的基础上,提出了包括在现代教育理论指导下编制课程、课程编制应在文部省与广大教师的协作下开展、给教师保留选择教育内容的自由等课程改革建议。日本文部省根据使节团报告书的建议精神,模仿美国的"Course of Study"方案,编制出了 1947 年版的《学习指导要领(一般编)》。同年,还出版了《学习指导要领(各科编)》。在 1947 年版的《学习指导要领》中,规定了高中课程分为以实施普通教育为主的"普通课程"和以实业教育为主的"实业课程";在"普通课程"中划定国语、社会、体育为必修课,其他所有学科均为选修学科;在"实业课程"中,课程种类达到 29 种之多,各自安排了实习和相关实业学科。这一《学习指导要领》还规定学生最低须修满 85 学分方可毕业,其中必修科目不得低于 38 学分,其他的学科与科目均作为选修。1951 年版与 1947 年版相比,没有本质上的区别,只是在课程设置上有如下改变:必修课程共计 6 学科 38 学分;在专门学科高中,除必修的 38 学分外,学生还必须选修与职业相关的科目不低于 30 学分。②

(2)1955 年版和 1960 年版《高中学习指导要领》。从 1955 年起,日本经济开始步入高速增长阶段,社会和产业界纷纷呼吁振兴学校职业教育和科技教

---

①文部科学省.学习指导要领の変遷[EB/OL].http://www.mext.go.jp/b_menu/shingi/chukyo/chukyo3/004/siryo/_icsFiles/afieldfile/2011/04/14/1303377_1_1.pdf.

②顾渊彦,葛军.日中高中课程标准比较[J].外国教育资料,1994,(6):62.

育,重视基础学力。在此背景下,文部省教育课程审议会坚持"充实基础学力,加强科学技术教育"的课程改革方针,提出了题为《关于改善中小学教学计划》的咨询报告,修订并颁布了《高中学习指导要领》(1955 年版),翌年在全国范围内开始实施。1955 版的《高中学习指导要领》规定必修学科与科目为 5 学科 6 科目,在学科内增加了必修科目。1960 年进行部分修订,1963 年付诸实施的《高中学习指导要领》将必修学科与科目增至 10～12 科目,必修学分 45～61;必修学科和科目分为绝对必修和学科内选修两部分,尽可能发挥各学科的特色。从两版《高中学习指导要领》中可以看出文部省为了充实高中的基础学力,削减选修课程及选修学分所占比重的改革意图。

(3)1970 年版《高中学习指导要领》。进入 20 世纪 60 年代,随着《国民收入倍增计划》的颁布与实施,"开发人的能力政策"成为教育为经济高速增长服务的中心课题,"能力中心主义"成为第三次课程改革的主导思想。同时,日本引进了美国课程现代化运动中产生的布鲁纳的结构主义课程论,把它作为课程改革的理论依据。文部省教育课程审议会先后于 1965 年和 1968 年提出了关于改善中小学教学计划的咨询报告,而后于 1970 年颁布、1973 年实施了新修订的《高中学习指导要领》。1970 年版《高中学习指导要领》把必修学科、科目及其学分数削减至原来的 2/3,扩大了选修课比例,例如把普通学科男生必修的 17 科目 68～74 学分减至 11～12 科目 47 学分。

(4)1979 年版《高中学习指导要领》。在能力主义原则和结构主义课程论指导下的第三次课程改革造成了大量学生跟不上教育教学进度的后果。并且,高中细分化的课程也不适应科技的发展。为此,日本进行了第四次课程改革。1973 年,文部省教育课程审议会接受文部大臣《关于小学、初中及高中教育课程的改善》咨询,于 1979 年再次修订了《高中学习指导要领》,1982 年付诸实施。1979 年版《高中学习指导要领》以"精选"和"多样化、灵活性"为课程编制原则,减少了必修学科和科目的种类及学分数;增设了适应学生能力与志愿的多样化的选修课;专门学科高中的学科与科目的必修学分数由 35 降至 30,其余学分可由学校自行决定;选修课由传统的分科课程(学科课程)变为综合课程(统整课程),综合课程针对分科课程分科过度精细的倾向,打破了传统学科的界限,满足了科学技术发展日益综合化的需要。

(5)1989 年版《高中学习指导要领》。1985 年,文部省教育课程审议会接受文部大臣《关于幼、小、初、高中教育课程基准改善》咨询,于 1989 年修订并颁布了《教育要领》和《高中学习指导要领》,于 1994 年付诸实施。1989 年版《高中学习指导要领》是在日本推行"新学力观""尊重个性",倡导"宽松教育"的背景下制定的。该版《高中学习指导要领》要求高中加强选修课建设,进一步加大选修课开设力度,提高选修课质量。在学科下分列了许多科目,学校或学生可在规定学科的范围内,自主选学一定的科目。除国语Ⅰ、数学Ⅰ、保健、体育四个科目为共同必修外,其余的必修科目均为选择必修。①

(6)1999 年版《高中学习指导要领》。该版《高中学习指导要领》是战后日本普通高中课程标准的第七次修订,于 1999 年由文部省(2001 年更名为"文部科学省")颁布,2000～2002 年作为新旧课程标准的过渡时期,2003 年 4 月在高中各学年正式实施,2006 年春起全国统一考试以此为依据在高中各门必修课程范围内命题。1999 年版《高中学习指导要领》强调培养生存能力和保障"宽松教育",推行周五制,大力削减了教育课时,教学内容也被严格筛选。此次高中新课改的重点在于:扩大选择必修课的范围,增加学校自设的课程科目。在重视基础、基本的同时推行发展个性的教育,即在"精选"的基础上要求切实掌握,同时注重在教学过程中的个人差别,在高中增加选修课并按学生个性和掌握程度进行教学。

(7)2008 年版《高中学习指导要领》。进入 21 世纪以后,面对经济全球化的竞争环境,曾以"教育立国"而著称的日本,期望建设一个具有国际竞争力的国家,但是学校教育中出现了全国性的学力低潮现象,社会各界要求"负责任的教育"呼声日益高涨。为此,在 2003 年 5 月和 10 月,文部科学大臣先后在中央教育审议会上做了题为《关于今后初、中等教育改革的推进策略》和《关于推进中等教育课程及指导的充实与改善》的报告,开始酝酿战后第七次中学课程改革。2005 年 2 月,文部科学大臣开展了国家教育课程改革的一系列咨询活动,同年 10 月印发了《创造新时代义务教育》的报告。2006 年,新修订的《教育基本法》获得通过。在该法的指导下,日本的中学课程改革方案又经过多次调研和研讨,最终于 2008 年通过新版《学习指导要领》,拉开了新一轮中学课程改革的序幕。② 此次中学课改以学生为本,坚持"重视基本·基础、预见出路、发展个性"的基本方针,推出了必修学科多样化、校本学科·科目以及综合学习等课程改革新措施,并致力于编制更具时代特色的学科课程。

---

①文部科学省.高等学校学习指导要领のこれまでの改訂の経緯[EB/OL].http://www.mext.go.jp/b_menu/shingi/chukyo/chukyo3/028/siryo/06041807/008/005.htm
②杨如安.日本第七次中学课程改革及其启示[J].课程·教材·教法,2012,(2):117.

拓展阅读

现行《高中学习指导要领》是战后日本高中课程标准的第八次修订,于2008年4月由文部科学省颁布。2009～2012年是新旧课程标准的过渡时期,2012年4月高中数学与理科两学科的新课标正式实施,2013年4月高中新课程标准得以全面实施。新教改传承了培育"生存能力"的教育理念,力图通过加强基础知识、基本素养的学习,中小学课时的增加、各学科被削减的教学内容的恢复,倡导"习得""活用""探究"的学习活动,旨在充实"精神教育"和提升"扎实学力"。①

2008年版《高中学习指导要领》规定,普通教育课程由各学科和特别活动构成。教育课程中除全体高中生(包括普通学科和专门职业学科的学生)必修的、属于国家课程体系的"共同必修学科"外,还包括属于"校本科目"的选修课,以适应不同类型学校的培养目标和学生各自的能力及未来的出路。其中,"共同必修学科"包括日语、地理历史、公民、数学、理科、保健体育、艺术、外语、家政、信息10学科57科目及综合学习时间。特别活动包括班级活动、学生会活动、学校集会等。选修课既有在学科基础上的拓展深化型科目,也有限定在某学年选择的科目。

二、日本高中选修课的目的与内容设置

目前,日本的普通高中普遍实行学年制和学分制并行、必修课和选修课并行的教学制度,无论是文理分科型高中,还是文理不分科型高中都设置了丰富多样的选修课程以满足学生多样化的需求。大量选修课的开设既满足了学生全面而个性化发展的需要,扩大了学生的选择范围,使学生的兴趣特长得到更好的发挥,又激发了他们学习的积极性和主动性,增强了教学的效果。

(1)在保证共同基础的前提下,实现高中课程的选择性和多样化

为保证高中教育的普通教育性和基础教育性,文理不分科型高中废止了传统的文理分科教学的做法,在一、二年级时致力于基础性工具学科和课程的教学,重视提高学生的基础学力和综合素养。三年级时则增加选修课程的设置,从"按班上课"的传统教学形式转变为"按课上课"的走班制教学,并加强对学生

①钟启泉.新《学习指导要领》的理念与课题——日本教育学者梶田叡一教授访谈[J].全球教育展望,2008,(8):6.

的未来出路教育指导,加大学生的主动选择权。在共同必修课程的基础上通过设置多样化课程使学生享有尽可能多的选择机会,保证课程的多样化和选择性,是此次日本高中新课改的一大亮点。

(2)把未来职业的选择纳入学生的视野,加强学生对未来出路的自觉认识

日本新修订的《学校教育法》明确提出普通高中要培养学生在实际生活中运用知识的能力,让他们掌握先进而实用的技术,引导他们把今天的学习和明天的工作密切地联系起来,为今后的独立生活做准备。文理分科型普通高中大多从学生升入二年级或三年级时导入文、理科的选择,根据学生的升学目标及未来发展方向的不同进行有针对性的教学,设置了广泛的选修课程。每个学生都可能有和同班同学不同的课程选择计划。对还没有确定自己出路的学生来讲,在学习多样化的科目中,可以发现自己的兴趣和关心所在。

(3)强调课程内容的时代性和基础性,增设适应时代发展的新课程

此次新课改的基本路线是"生存能力"理念的成熟版。2008版《高中学习指导要领》认为"生存能力"的主要表现形式为"学力",而"学力"应该包括以下三大要素:(1)掌握基础知识和技能;(2)活用基础知识和技能,具有解决问题所必需的思考力和判断力;(3)具有学习兴趣和热情。[①] 时任文部科学大臣的奥田干生在向教育课程审议会提交的咨询报告中,强调要把基础知识、基本能力指导的彻底化作为改善课程基准的基本要点。只有保证基础扎实、牢固,课程的多样性和选择性才能更加有效,才不至于流于形式,而多样性、选择性本身是课程的基础性的内在要求。为了适应信息化与经济全球化时代的需要,日本除在传统的学科课程中引进与课程目标相匹配的、鲜活的、有时代感的课程内容外,还着手增加了新的课程领域或门类。例如,在高中教育课程中新开设了"信息""综合学习时间""科学与人类生活"等课程。

三、日本高中选修课的实施与管理

(1)赋予学校充分的课程自主权

日本普通高中在课程设置上享有一定的自主权和参与权,可以根据各自的培养目标广泛开设具有地方办学特色的教育课程。在"公共必修科目"上,2008年版《高中学习指导要领》规定普通高中学生的必修科目为34~36学分,而实际毕业要求修满的学分为74以上,为各学校设置校本课程提供了较大的弹性

---

①文部科学省.新学習指導要領の基本的な考え方[EB/OL]. http://www.mext.go.jp/a_menu/shotou/new-cs/idea/index.htm/2013-08-25.

空间。同时,该版《高中学习指导要领》还进一步加大了课程选择的广泛性,鼓励各高中根据其培养目标自行在普通学科或专门学科广泛开设选修课程,为学生发挥自主能动性开辟选择空间。

（2）倡导学生自主确定学习计划

倡导学生自主确定个人学习计划是当前世界各国高中课程改革的又一个亮点。不少国家在新一轮高中课程改革中强调由学生自主确定个人学习计划。日本的普通高中普遍实行学年制和学分制并行、必修课和选修课并行的教学制度,学生能够根据自己的能力、兴趣爱好、个性特征以及自己未来的出路等自主选择学习科目、学习时间,在不同的选修课和不断的体验式学习中寻找自己的职业倾向,为未来发展积累一定的理论基础和实践经验。

（3）实行学生选课指导制度

为了使学生成功地、有效地确定自己的学习计划,培养学生自己组织学习,规划自己未来发展,日本各高中都有相关的《课程说明》和《选课指导手册》,在学校设立了专职咨询员岗位,建立了辅导员制度和实施同学合作计划,以保证学生选课指导制度的实施,促进学生建立符合自身特点的、具有丰富个性的课程修读计划。《课程说明》和《选课指导手册》的原则包括:（1）坚持学生为主原则,教师充分发挥其指导作用,在指导学生选课过程中尊重学生的学习意愿,不包办代占;（2）坚持因材施教原则,教师依据学生的不同特点,如学生的兴趣爱好、学业成绩、特长与潜能等,进行有针对性的指导;（3）坚持科学性原则,指导学生选课时处理好学术课程与职业课程的关系、必修课与选修课的关系以及校本课程与学生选课志愿的关系。

（4）实行弹性学分制

学分制是在选课制发展基础上产生的。日本高中的课程设置不以学年制进行,升级认定也不依据学年顺序,毕业资格按学分制确定。其具体做法是:除必修课程外,学校开设多样化的选修科目,编制具有广泛选择性的课程以供学生选修。学生根据自己的能力、适应性、兴趣、关心和未来出路等选修课程,制订学习计划并进行自主性学习,只要修够毕业所要求的学分,毕业资格就会得到认定。

重视课程的基础性、发展性、多样性和选择性是日本历次普通高中课程改革的总基调。

在贯彻基础性、多样性和选择性上,日本的许多做法,如强调高中课程与小学、初中的课程保持一贯性;在必修学科中按照各学科的内容与类型,设置了难易程度不同的科目供学生自由选择;在学科内设置多样化的科目供学生选修等,都值得我们在设计普通高中课程时批判性地加以参考和借鉴。①

典型案例

1.东京都立飞鸟高中的特色学科群

东京都立飞鸟高中设立于1996年,是一所公立全日制普通高中。该校推行学分制,除《高中学习指导要领》规定的"共同必修学科"外,学生可以根据自己的兴趣、爱好和未来出路等确定选修课程。与其他普通高中相比,飞鸟高中设置了丰富多样的选修课程。该校的教育课程体系由国际教养科目群和生活·艺术科目群两大系列组成。其中,(1)国际教养科目群包括文科、语言、理科、看护医疗四大学科领域。以语言学科为例,设置有"口语技能""英语辩论""时事英语""英语视听""法语""中文""西班牙语"等选修课程,旨在培养学生扎实的外语功底以及在多元化国际社会中的跨文化适应能力;(2)生活·艺术科目群包括家政·保育·福利、美术、音乐、戏剧、体育五大学科领域。生活·艺术科目群开设的选修课多以"先行后知"的体验式学习方式为主,鼓励学生通过实际动手、参与体验等方式进行体验式学习和探究式学习。例如,"家庭护理与福利""保育实践""野外实习""生活园艺""戏剧表演""绘画""视觉设计""花道""茶道""古筝""陶艺"等。②

2.宫崎县立宫崎大宫高中的校本课程

宫崎县立宫崎大宫高中始建于1889年,是一所以培养"自主自律、质朴刚健"精神为己任的县立百年老牌高中。该校的培养目标是"在全人教育模式下的学习环境中,培养具有国际视野、领袖风范的杰出人才"。"文科信息科"是该校独具特色的校本课程,开设于1989年。文科信息科原本是文科特色学科,为满足社会对高综合素质、高适应性、高发展潜力的多专多能复合型人才的需求,于2009年完成学科整合,成为文理兼通的综合性学科,导入了以学生自主性学习为主体的特色课程——"探究"(综合学习时间)。"探究"课程主要是在教师的指导下,开展邀请大学教师及知名专家等外聘教师举办专题讲座、在美术馆及图书馆等郊外设施进行体验式学习活动、校外远程研修等独具特色的学习活动。此外,学生会团体还定期举办"开放式学校""学生研究发表会"等活动。

①张德伟.日本普通高中新课程改革研究[J].全球教育展望,2002,(3):31.
②東京都立飛鳥高等学校.教育課程の特長[EB/OL].http://www.asuka-h.metro.tokyo.jp/cms/html/entry/27/35.html/2014-05-12.

反思与启示

1996～2003 年,我国新一轮基础教育课程改革经历了酝酿准备阶段、试点试验阶段以及全面推广阶段,逐步形成面向 21 世纪的、符合素质教育要求的基础教育新课程体系。本次新课改是新中国成立以来第八次大的课程改革。2003 年 4 月,普通高中新课程的各学科标准正式颁行。尽管新课改取得了明显成效,但是,随着课改的进一步深化,仍然面临着观念认识、政策管理、课程实施与管理、资源保障等方面的问题和挑战。从选修课透视日本普通高中的课程改革,可以认为它在以下几方面对我国当前普通高中的课程改革有所启迪。

一、赋予学校充分合理的课程设置自主权,构建科学完整的课程体系

在课程设置上,日本文部科学省赋予各学校充分合理的自主权和参与权。各校可根据各自的培养目标开设广泛的具有地方办学特色的教育课程。从目前日本普通高中的课程结构来看,既包括日语、数学、外语等学科类课程,也包括综合学习时间、特别活动等重视发挥创新意识的活动类课程;既包括属于国家课程体系的必修课,也包括属于校本课程的选修课。科学完整的课程体系能够适应时代的发展变化,满足不同年龄段学生的认知规律。我国普通高中课程改革应该做到科学地处理好学科类课程和活动类课程、分科课程与综合课程等不同类型课程之间的关系,努力克服学科中心主义的倾向。

二、重视课程资源开发的基础性、多样性和选择性,适应社会与学生个体发展需求

重视和突出课程的基础性、多样性和选择性是日本历次普通高中课程改革工作的重点。日本本次高中新课改,文部科学省通过采取精选、严选教育内容,增加基础学科课时,恢复已削减的基础性教学内容等措施保障了课程的基础性;通过设置多样化课程和学分制选课制度使学生享有尽可能多的选择机会,保障了课程的多样化和选择性。通过以上措施,具备基础性、多样化和选择性特色的日本普通高中教育课程结构及内容适应了社会需求的多样化和学生全面而有个性的发展,满足了人才多样化(即受教育者成长的层次、潜能发挥、职业取向等多元化)的需要。

三、淡化文理分科,为学生提供多元化的综合课程和选课制度

　　随着知识经济社会的到来,"打破传统文理分科,发展全人教育"成为当今日本普通高中教育发展的必然趋势,高中教育日益朝着文理渗透、学科融通、知识交叉的方向发展。目前,日本的普通高中普遍实行学年制和学分制并行、必修课和选修课并行的选课制度,推行打破传统分科课程的知识领域,组合两个或两个以上的学科领域构成的综合课程,以供学生自由选择。长期以来,我国的普通高中一直实行文理分科、分班授课的教学模式,这既背离了科学技术的发展趋势,也造成了学生在教养方面出现偏颇的情况。因此,日本这一举措对于我国普通高中课程的实施与管理具有十分重要的借鉴意义。

分科与不分科教育模式并存的日本普通高中

高中要不要文理分科已成为当前教育讨论的热点,论者似乎都是简单地从高中分科与合科的利弊得失、与高考的关系、学生的负担等方面来论争。我觉得,应该跳出这个思维框框,从基础教育的任务、时代的要求、人才的培养、教学模式以及考试制度的改革等方面全面思考。

——顾明远

引言

2009 年 2 月初,《国家中长期教育改革和发展规划纲要》工作小组办公室发布了 20 个教育问题向社会各界征求意见,其中"高中取消文理分科的必要性和可行性"这一问题引起了热烈讨论,支持与反对取消文理分科的观点相持不下。

世界主要国家普通高中的分科教学大致可以分为三类,即分科教学、合科教学、文理分科与合科教学并存。其中,法国和俄罗斯的普通高中明确采取分科教学;美国、英国、德国、韩国等国在普通高中并不进行分科教学,而是对学生进行合科教学;在日本,既有学校采用文理分科教学,也有学校采用文理不分科的合科教学。在普通高中是否分科的问题上,各国选择了不同的教学类型,既与各国社会经济发展的要求有关,又与各国的高等学校招生考试制度和教育传统密不可分。

世界主要国家普通高中分科教学与不分科教学并存,是不同国家普通高中教育模式形式上的差异,而非本质上的不同。从国际经验来看,我们应该超越"文理分科"存废问题的争论,实现高中教育分流的多样化和个性化,根据时代对高中教育的要求来探索高中分科教学与相关问题的改革之路。

理论阐述

通过考察与研究日本高中文理分科教育的历史沿革、现状和趋势,我们可以发现其具有自发式、渐进式和多样式的特点。

一、现代日本普通高中分科教育模式的历史沿革

（一）"一战"后国家规定高中文理分科

在第一次世界大战期间，日本不断扩大在亚洲的市场，向交战国大量出口军需品，战争带来了经济景气状态，并由此完成了由农业国向工业国的过渡。经济建设对专门人才的需要促使日本政府和教育机构以分科教育来培养产业界急需的各类人才。在 1914 年 3 月 3 日修订的《女子高等师范学校规程》、1915 年 2 月 23 日修订的《高等师范学校规程》和 1918 年 12 月 6 日修订的《高中令》（大正七年敕令第 389 号）中都有将学科分为文科和理科的规定。其中可以作为日本普通高中文理分科教育理论依据的，一般被认为是 1918 年日本文部省颁布的第二次《高中令》，而同时期临时教育会议的关于高等教育机构扩充计划的建言则推动了"文科"与"理科"这两个概念的日趋鲜明化。新修订的《高中令》规定：高级中学是"实施高等普通教育的场所，以完成男子的高等普通教育为目的"，是实施"高等普通教育"的机构之一；高级中学开设寻常科和高等科，学制 7 年（寻常科 4 年，高等科 3 年），可单设高等科；"把高级中学高等科分为文科和理科"（第 8 条），同时在高等科中，根据所学外语的不同分为"文科甲类""文科乙类""理科甲类""理科乙类"。根据选择的文理科及外语的不同，决定未来在大学里所学的专业方向。[①]

虽然修订后的《高中令》改变了以往高中作为实施大学准备教育即大学预科的性质，但是由于自明治初期至"二战"结束前（1872 年至 1945 年），日本高中教育一直处于精英化发展阶段，高中入学考试竞争激烈，入学率保持在 15% 以下，同现在入学率高达 97% 的高中教育普及化的"高中"不仅具有本质上的不同，而且其数量也是非常有限的。从 1894 年 6 月 25 日第一次《高中令》（明治二十七年敕令第 75 号）颁布至 1918 年间，日本只有 8 所高中。伴随着第二次《高中令》的颁布和高等教育机构扩充计划的实施，高中的数量骤增，截至 1948 年，高中增加到 39 所，学生约 28 600 人。

（二）"二战"后国家不明确规定高中是否分文理科

日本现行的中等教育制度是在第二次世界大战后形成的。伴随着 1947 年《教育基本法》和《学校教育法》的颁布，第二次《高中令》被废除，依据其建立的旧制高中的多数被并入新制大学的教养学部和文理学部。《教育基本法》确立

---

①顾明远，梁忠义.世界教育大系——日本教育[M].长春:吉林教育出版社,2000.285-286.

了资产阶级民主教育体制,《学校教育法》打破了战前双轨制中等教育体系,确立了小学 6 年、初中 3 年、高中 3 年、大学 4 年的单轨制学制体系。其后,日本政府于 1948～1949 年对全国的高中进行了综合制改造,建立了教育机会均等的单轨制高中。在日本政府在建立单轨制新制高中的过程中颁布的一系列与中等教育相关的法律法规中,都没有对文理是否分科的明确规定。

日本政府在第二次教育改革和推进中等教育发展和普及的过程中,根据国内资产阶级民主化改革的实际情况和教育中突出存在的划一性、僵化性以及闭塞性等问题,提出了尊重个性、发展个性和推行个性教育的原则,并主张将这一原则贯穿于教育活动的各个方面,赋予学校极大的办学自主权,要求学校灵活、独立发挥各自的优势,办出各自的特色,而不是要求千篇一律。在国家的基本方针之下,每所学校都有明确的培养目标和办学理念,并努力将之体现在日常教育活动与校务管理之中,具有办学理念明确和办学特色突出的特点,因此,日本普通高中文理分科教育情况也不是千校一面,而是因地因校而异,各具特色。

(三)21 世纪以来高中教育由"半人教育"向"全人教育"转变

进入 21 世纪以来,伴随着科技全球化的发展趋势,"取消文理分科,发展全人教育"成为日本教育界热议的话题。所谓"全人教育",是指教学时了解学生的心理需求、能力、经验、性格、意愿等主观条件,并加以配合来进行教学活动,激发学生的求知欲和学习动机,从而能快乐学习。与只注重某方面知识传授的"半人教育"不同,全人教育是针对人本身的教育,注重整体身心的均衡发展,不偏倚某一小部分,促进人的全面发展。

全人教育体现了教育的本质,有利于激发学生的潜能和优势。为了逐步实现全人教育的宏伟目标,很重要的一点就是改革现有的课程设置和考试制度。为此,许多日本高中都提出了取消文理分科的目标和计划,东京大学也率先于 2007 年在自行组织的后期日程招生考试中取消了文理分类考试,改为综合科目考试。高中教育日益朝着文理渗透、学科融通、知识交叉的方向发展,复合型人才的培养逐渐成为日本高中教育的首要目标。

二、日本现行普通高中分科与不分科教育模式并存的格局

目前,日本的普通高中普遍实行学年制和学分制并行、必修课和选修课并行的教学制度,学生可以根据自身的兴趣爱好及未来发展方向自由选择侧重文科或者理科的课程。学校的分科教学模式不是千篇一律的,而是各具特色,呈现分科与不分科教育教学模式并存的格局,总体上可以归纳为以下两种类型。

A.文理分科型

文理分科型普通高中大多从学生升入二年级或三年级(17岁左右)时导入文、理科的选择,根据学生的升学目标及未来发展方向的不同进行有针对性的教学,也有的高中在一年级时就实施文理分科。

B.文理不分科型

为保证高中教育的普通教育性和基础教育性,文理不分科型高中废止了传统的文理分科教学的做法,在一、二年级时致力于工具基础性学科和课程的教学,重视提高学生的基础学力和综合素养。三年级时则增加选修课程的设置,从"按班上课"的传统教学形式转变为"按课上课"的走班制教学,并加强对学生的未来出路教育指导,加大学生的主动选择权。

三、日本大学招生考试制度与普通高中分科教育的关系

(一)现行全国统一学力考试与高校单独考试相结合的招生考试制度

日本大学招生考试制度具有多样化与多元化的特点,主要表现为实行全国统一学力考试与各高校单独考试相结合的制度,扩大地方和高校在高等学校招生制度改革方面的自主权。日本现行大学招生考试模式是由全国统一考试型的"大学入学考试中心考试"(National Center Test,NCT)和兼具综合评定和推荐保送特征的各高校单独考试组成的复合型考试模式。从性质上划分,前者是单向选拔式考试,后者则是大学与考生双方的双向选择式考试。从考试功能来看,前者以判定大学入学志愿者对在高中阶段所学基础知识和基础内容的掌握程度为主要目的;后者则以弥补第一次全国统考的不足,根据学校、系部及专业的目的和特性等方面的需要,进一步考查考生的学科专业知识水平和专业学习能力、报考学校和专业要求具备的能力为主要目的。从命题上来看,前者除重视对考生在高中阶段相应的基础知识、基本技能的掌握和运用这些知识、技能分析与解决问题的能力与素质的考查外,还注重与现实生活的联系,为适应当今社会对人才素质的要求,把测评重点逐步放在对考生创新能力、跨学科的综合能力和实践能力的考查上;后者则由各高校根据本校的学校定位、专业定位及市场需求而自行决定。

日本现行的大学招生考试制度强调保障高校的招生自主权,主要体现在各高校在选拔学生时拥有极大的录取自主权,对中心考试的利用采用何种方式,甚至利不利用中心考试,由各高校自行裁断。国立、公立大学一般把"参加中心考试中本校指定的学科及科目"作为考生报名时必须具备的资格。

（二）日本普通高中课程设置与大学入学考试科目的关系

日本大学招生考试作为联系中等教育和高等教育的一个重要环节，其改革和演变是与高中教育课程、教学改革配套进行的。全国统一学力考试的统考学科及科目覆盖高中各学科所有必修课程，根据文部科学省制定的《高中学习指导要领》，在高中各门必修课程范围内命题，不分文科、理科试卷，在一定程度上统一了国立、公立大学的招生标准，保障了高中教育的正常化；各高校单独考试中的第二次学力考试所考科目及内容虽多侧重于专业的需求，但亦覆盖高中各学科所有必修课程。

各高校单独考试中的第二次学力考试多采取"分离分割方式"，分为前期日程考试和后期日程考试，其中前期日程考试以学科考试为主，根据报考专业方向不同来划分文理试卷，相同科目的考查侧重点和分值分配亦有所不同，后期日程考试则以小论文或论述考试居多。以 2014 年度东京大学单独考试为例，东京大学文科一、二、三类的前期日程考试科目为日语、地理历史、公民、数学、理科、外语等 5 学科 7 科目或 6 学科 7 科目；理科一、二、三类的考试科目为日语、地理历史、公民、数学、理科、外语等 5 学科 7 科目。而后期日程考试则考综合科目Ⅰ（考查英语阅读与写作能力）、综合科目Ⅱ（考查数学综合应用能力）以及综合科目Ⅲ（文化、社会、科学等方面的小论文考试）。①

拓展阅读

日本现行全国统一学力考试——大学入学考试中心考试包括公民、日语、地理历史、数学、理科、外语 6 学科 30 科目，例如 2014 年度中心考试科目如下页表 1 所示。

---

①東京大学.平成 26 年度東京大学入学者募集要項［EB/OL］.http://www.u－tokyo.ac.jp/stu03/pdf/boshuuyoukouH26.pdf/2014-05-10.

表 1:2014 年度大学入学考试中心考试学科・科目①

学科	科　目
日语	日语
地理历史	「世界史 A」、「世界史 B」、「日本史 A」、「日本史 B」、「地理 A」、「地理 B」六科中任选一科
公民	「现代社会」、「伦理」、「政治・经济」三科中任选一科；或选择「伦理」＋「政治・经济」
数学	①『数学Ⅰ』、『数学Ⅰ・数学 A』中任选一科； ②「数学Ⅱ」、「数学Ⅱ・数学 B」、「工业数理基础」、『簿记・会计』、『情报关系基础』四科中任选一科
理科	①「理科综合 B」、「生物Ⅰ」中任选一科； ②「理科综合 A」、「化学Ⅰ」中任选一科； ③「物理Ⅰ」、「地学Ⅰ」中任选一科
外语	「英语」、「德语」、「法语」、「中文」、「韩语」中任选一科参加笔试。 ★选择英语的考生，还须加试"听力"

　　2014 年度大学入学中心考试是根据 2008 年版《高中学习指导要领》在各门必修课程范围内命题的。《高中学习指导要领》具有法律约束力,适用于国立、公立以及私立学校,在日本学校教育的课程实施上具有巨大影响力。但实际情况是对于国立、公立学校影响力较大,而对于私立学校的影响力则相对较弱。

　　此外,日本普通高中普遍采用"学年制＋学分制"模式,即教育课程的设置和各学科及科目的履修学分根据学年进行严格划分和规定,在规定高中修业年限的基础上采取学分制的管理手段,《高中学习指导要领》规定学生的"共同必修学科"的学分为 30～39 学分,与毕业要求的 74 个必修学分以上(包括各学科规定的必修科目的学分和综合实践活动的学分)相比,课程设置显现出极大的弹性空间,可供学生自由选择。②

　　综上所述,日本普通高中的教育课程除完全涵盖大学入学考试中心考试的学科及科目外,还增加了保健体育、艺术、家政、信息及综合实践活动等旨在提高

---

　　①独立行政法人大学入試センター.平成 26 年度センター試験実施要項[EB/OL]. http://www.dnc.ac.jp/albums/abm.php? f＝abm00001430.pdf&n＝20140206_presskekka-gaiyou.pdf/2014-05-10.

　　②文部科学省.高等学校学習指導要領[EB/OL].http://www.mext.go.jp/b_menu/ shuppan/sonota/990301/03122603/001.htm

学生综合素质的非中心考试科目,高中的学习不单纯局限为升学做准备,学校中的广泛学习是为了掌握对于升学来说所必要的学力。日本高中的这种课程设置在重视基础学力培养的同时,更为重视学生实践能力和生存能力的培养。

典型案例

案例 1.文理分科型

埼玉市立浦和高中是一所已建校 60 年的公立高中,该校的办学方针是"授业第一,提升学力,提高升学率"。该校的文理分科教育体现在教育课程设置上具有"因材施教、分流培养"的特色。该校教育课程类型的划分非常细致,代表了学生未来接受不同类型高等教育的方向。在高中一年级时对全体学生实施共通一般教养教育,从一年级末开始,根据每位学生的特点和未来发展方向的不同进行有针对性的、细致的指导,加强对学生的未来出路教育,让学生学会规划自己的人生。从二年级起导入文、理科的选择,学生对应各自的升学目标和未来发展方向进行学习,在二年级内基本掌握高中的必修课程内容,并修够毕业最低要求学分。在课程设置上,二年级文理科均设置了现代文、古典、世界史 A、数学Ⅱ、英语Ⅱ、英语写作、家政基础、保健体育等《高中学习指导要领》规定的必修科目,但文理科又根据文理侧重点的不同调整了各科目的学分分布。除共通必修科目外,文理科根据自身性质构建了独具特色的课程体系,文科设置了日本史 A、艺术Ⅱ及两门选修课,理科则设置了数学 B、物理Ⅰ、化学Ⅰ等科目,明显突出了理科基础知识的教学。进入三年级后面向不同类型大学将课程划分为三种:将文科进一步细分为文科 A(升学方向为私立大学文科或国立、公立大学文科[3 教科型])和文科 B(升学方向为国、公立大学文科[4 教科型、5 教科型])两类;将理科改名为理数科(升学方向为国立、公立、私立大学理科)。三科类除了现代文、古典、伦理、英语Ⅱ、英语阅读、信息 C、体育等共同履修科目外,文科 A 和文科 B 由于升学方向的不同,具体课程设置也存在差异。该校除设置必修课外,还根据科类特色和学生未来的发展方向设置了较为丰富的选修课程,如政治经济、中文、食品设计、保育、生物等,为学生发展个性特长提供了多样化的选择。并且,针对大学入学考试,充实选择性教学和实地练习教学,同时也实施规定课程之外的补习,传授针对学生所选大学的报考对策及技能等。①

①埼玉市立浦和高中教育课程[EB/OL]http://www.urawashi－h.ed.jp/curriculum/09curricurum_1.pdf

　　纯心女子高中是一所位于长崎县长崎市实施初高中一贯制教育的教会学校。纯心女子高中在 2008 年度导入了新的教育课程制度,其特点是课程的多样化设置和科类的多元化。该校从学生进入学校伊始即开始实施分科教育,一年级就分别设置了国公立课程和综合课程,进入二年级后伴随着学生对未来发展方向意识的明朗化,课程编制进一步细化,综合课程细分为文科(以长崎纯心大学为首的私立大学和短期大学及一部分艺术类学校为主要升学目标,重视英语实际应用能力的学习)、理科(以私立大学理科系部、短期大学及含护理医疗类学校在内的各种专门职业学校为主要升学目标,重视数学和理科的学习),三年级国公立课程进一步细分为国公立选拔课程(面向国公立大学的一般选拔考试,突出日本全国统考全教科及应对各高校组织的第二次单独考试的课程教学)、国公立 5 教科型(应对国公立大学一般选拔考试的 5 教科 7 科目型、Admissions Office 考试及重点私立大学的考试)、国公立国英社型(应对国公立大学及重点私立大学的文科系部 3 教科型,把学习重心放在日语、英语和社会 3 教科的课程体系)。参见下图。同时,学校根据各科类课程设置的特点,在理科、地理历史和艺术等教科中设定了难易度和内容不同的选择,学生可以根据各自的升学目标的考试科目及个人特质进行自由选择,从而为学生的未来发展提供了不同的途径。①

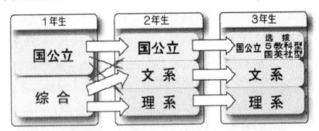

纯心女子高中文理分科课程设置示意图②

案例 2.文理不分科型

　　同志社高中始建于 1896 年,是一所男女共学的私立全日制普通高中,是关西地区有名的重点高中。该校采用共通履修科目课程体系取代文理分科的课程体系,把高中一年级设定为"基础学力充实期",把所有课程都设置为必修课程,加强基础知识的教育力度,突出培养学生的基础学力。在二年级和三年级时加大课程设置的弹性,开设能够多方面适应学生发展要求的,可供学生根据

---

①纯心女子高中教育课程[EB/OL].http://www.n－junshin.ed.jp/senior/index.htm
②纯心女子高中网站[EB/OL].http://www.n－junshin.ed.jp/index.htm.

个人的特长、兴趣、能力以及自己未来的发展方向自由选择的选修课程,保障学生的个性得到充分发展。同志社高中在二年级和三年级分别增设了 10 门和 22 门选修课供学生选择。例如,一年级开设了 HR（homeroom 班级）活动、基督教教学、日语综合、古典文学、地理 A、数学 I、数学 A、化学 I、体育、保健、音乐 I、美术 I、英语 I、交际英语、信息 C 等课程;二年级时除共通履修科目 HR、基督教教学、现代文、古典、世界史 A、伦理、数学 II、物理 I、体育、保健、英语 II 外,增设了 10 门选修课;三年级时进一步丰富选修课程种类。①

东京都立国立高中是一所具有 70 年悠久历史的公立高中,分别于 2003 年和 2007 年两度被东京都教育委员会指定为升学指导重点校,是一所升学率极高的重点高中。该校的教育目标是把学生培养成文理兼修、全面发展的学生。该校在一、二年级时重视基础课程的教学,依照《高中学习指导要领》的课程设置要求设置了 31 门必修课程,共计 66 学分,为提高学生的基础学力奠定了坚实的基础。在三年级时加大课程设置的弹性,除现代文·日语综合、体育、英语阅读及综合实践活动等必修课程外,广泛开设选修课程达 22 门,并规定 10～18 学分的选修要求。之后,还对三年级的英语听力和二年级的数学 B 课程导入按学生的不同熟练程度进行分别教学的小班教学模式,以便适应每个学生的学力水平,开展细致周到的教学。此外,在三年级时为应对大学入学考试,学校利用班级活动和综合实践活动时间传授针对学生所选大学的报考对策,进行未来发展方向指导。②

反思与启示

借鉴日本现行的普通高中分科与不分科教育教学模式并存的经验,有助于我们理性地看待我国高中阶段的文理分科教学,寻找适合我国的教育改革之路。

一、取消现行的文理分科教育模式

我国高中实行文理分科的教育模式,在高中阶段就将学生局限在文科或理科狭小的学科领域内,显然是与科学技术的发展趋势相背离的,也不利于个体的长远发展。因此,必须取消现行的文理分科制度。

取消文理分科并不意味着完全否定分科,因为分科也是应对教育个性化趋

①同志社高中教育课程[EB/OL].http://www.high.doshisha.ac.jp/cur.html
②东京都立国立高中教育课程[EB/OL].http://www.kunitachi－h.metro.tokyo.jp.

势的一个重要途径。如前所述,世界上也有一些国家实行分科教育模式,但除了日本有类似于中国的文理分科模式(但比中国更加复杂多样)以外,其他国家的分科并不以文理为界限,而是文理交叉且分科多样。因此,文理交叉的多种分科也可以是我国高中分科教学创新的一个选项。正如顾明远先生所言,我国高中"如果一定要分科,那也不能简单地分为文理两科,而是要多种分科,同时加强文理基础知识教育,真正打好人生发展的基础"。

二、改革高等学校招生考试制度

取消高中阶段实际存在的文理分科,关键在于高等学校招生考试制度的改革。近年来,随着普通高中陆续实施新课程,一些试点省市也相继出台了新课改高考方案,但仍然未能摆脱文理分科的模式。为避免人为地造成文理分科的现象,我国应取消业已成为高中教育改革障碍的高中毕业会考制度,建立"学业水平考试"与"选拔性考试"相结合的高等学校招生考试制度,并扩大高等学校的招生自主权。"学业水平考试"为所有考生的必考科目,内容涵盖人文及科学两大领域,考查考生的基本学力;"选拔性考试"为选考科目,由各高校及其院系依据专业特点确定专业考试科目,供考生选择高校和专业时参考。通过"学业水平考试"与"选拔性考试"相结合的方式,既能保证学生的基本学力,又能适应学生的个性化发展需要。

三、探索多样化、个性化的高中教育模式

取消文理分科,实现文理兼容,也不意味着所有学生学习所有的课程和同样的课程。美国、英国、德国和韩国等国家的普通高中并不分科,但它们以选修课、特长课等形式给学生自由发展的空间,充分发展学生的个性。因此,正如顾明远先生所言:"不分科不等于学生都学习一样的课程,要减少必修课,增加选修课,给学生选择的自由空间。"

为了保障学生的个性化发展,满足社会经济发展的多样化需求,我国必须在加强文理基础知识教育的基础上,探索多样化和个性化的教育模式。从课程设置上讲,应该建立和完善必修与选修相结合的课程体系,减少必修课比例,增加选修课比例;建立基础课程与强化课程相结合的课程体系,鼓励学生在学好基础课程的基础上修读强化课程,加强高中教育与高等教育的衔接。从教学管理制度上,要扩大选修课数量,真正实现选课制与学分制的价值,同时可以引入积点制,以弥补学分制的不足。

日本普通高中的多样化发展现状与趋势

求知与求学的欲望应该采用一切可能的方式在孩子们身上激发起来。

——【捷克】夸美纽斯

引言

高中阶段是青少年开始显现不同个性、兴趣爱好和才能的分化期,是青少年世界观、价值观、人生观形成的重要时期。这就要求高中教育既要强调共同基础,又要满足学生多样性、个性化的发展。

20世纪90年代以来,许多国家出于人才竞争的需要,对高中教育进行了重新定位和调整。推进普通高中多样化发展进程成为世界高中教育改革之大势。日本对于普通高中多样化改革的尝试始于20世纪70年代,这一改革与20世纪五六十年代的学科、课程多样化不同,将视野扩大到了学制、学校类型方面,核心是设立新型的学校和学科。而后,日本各地于20世纪八九十年代陆续开始设立学分制高中、综合学科高中、初中高中一贯制学校、前三者以外的新型高中(如集合型选修制高中、完全寄宿制高中、向社区开放的高中等)以及设置特色学科、课程的高中。

进入21世纪,我国的普通高中"多样化"也开始起航。针对我国普通高中学校办学模式单一、人才培养模式趋同、缺乏办学特色,不能适应现代化建设对多样化人才特别是拔尖创新人才需要的矛盾,《国家中长期教育改革发展规划纲要(2010—2020年)》(以下简称《纲要》)提出:"推动普通高中多样化发展。促进办学体制多样化,扩大优质资源;推进培养模式多样化,满足不同潜质学生的发展需求。探索发展和培养创新人才的途径。"作为国家普通高中多样化办学改革试点地区之一,南京2012年普通高中学生选择职业教育的普职融通育人机制正式"破冰"。

理论阐述

日本的高中教育改革主要包括课程改革和体制改革两大部分。高中教育体制改革的重点是突破现有的制度限制,举办多样化的高中,促进高中教育制度的灵活化,目的是满足学生多样化的学习需要,促进学生的自主学习,使教育更加个性化。

日本高级中学教育的目的和教育任务决定了它在发展过程中充分发挥了多样化的特点,具体表现为如下特征。

一、学科类别和学校类型的多样化

日本高级中学教育的目的和双重教育任务决定了它既要进行普通教育,为升学做准备,又要进行职业教育,为就业做准备。为此,日本高中在学科课程设置上采取了分科制,兼顾普通教育与专门职业教育。学科主要分为以下三种类型。

第一种是普通学科,以实施普通教育为主。由日语、地理历史、公民、数学、理科、保健体育、艺术、外语、家政、信息等学科及科目为中心开展学习活动组成。普通学科教育是高中教育的主体。2011 年度日本文部科学省组织实施的全国范围内各类学校机构各项数据资料的普查《学校基本调查——基础教育》统计数据显示,高中普通科的学生数为 2 416 674 人,约占高中学生总数的72.3%。①

第二种是专门学科,又称为职业学科,包括以实施职业教育为主的职业学科和实施比普通教育程度高深、内容充实的专门教育为主的普通系专门学科。专门学科又进一步细分为农业、工业、商业、水产、家政、护理、信息、福祉等领域的相关学科。

第三种是综合学科,是以选修方式综合修习普通教育和专门教育的学科,于 1995 年正式立法实施。综合高中是一种集普通高中教育和专门(职业)技术教育于一体,结构比较合理和优越的一种高中教育模式。它兼顾升学和就业,开设普通高中教育与专门(职业)技术教育相互渗透、相互结合并向综合化方向发展的课程,适应了经济社会发展对不同层次和规格人才多方面的需要。

1948 年制定的《高中设置基准》规定,高级中学可设一个以上的"学科"。至于每所学校设立哪些学科,因校因地而异,并不强求一律。现代日本高中的类型包括:只设普通学科的普通高中;只设某种专门(职业)学科,为将来可就职于

---

① 文部科学省.2011 年学校基本调查[EB/OL].http://www.mext.go.jp/

某些特定职业而学习专业知识的专门(职业)高中;同时开设普通学科和某种专门学科(职业学科)或者不设普通学科,只设几种专门学科(职业学科)的综合高中。三种学校均设必修课和选修课,借以调整教育的侧重点。

二、办学途径的多样化

为了彻底普及九年制义务教育,日本政府在战后的第二次教育改革中采取了多种途径办学的政策。虽然高级中学不属于义务教育范畴,日本政府在大力发展和普及高中教育的过程中,除积极推动国家和地方办学外,也鼓励个人及社会团体等积极创办高中。在此政策的影响下,日本高中教育形成国立、公立、私立三者并存的局面。同时,为了避免高中教育水平的地域差距、校际差距,日本高中的承办者多以都、道、府、县、市、区、町、村等地方公共团体为主。在大都市圈由个人或民间团体等学校法人设立并管理日常运行经营的私立高中所占比例较高,但在日本绝大多数地区由地方政府设立的公立高中占据多数。2011年度《学校基本调查》统计数据显示,日本高中(含全日制、定时制)总数为5060所,其中国立高中15所,约占0.3%;公立3724所,约占73.6%;私立1321所,约占26.1%。①

三、授课方式和学制年限的多样化

日本高中根据授课方式和上课时间的不同,可分为全日制、定时制、通信制(函授制)三种类型。

(1)全日制高中。它们招收初中毕业生,上课时间为每天5~8小时,多为学年制,学制为3年。全日制高中的毕业生经全国统一大学招生考试合格后,既可升入大学,也可就业。

(2)定时制高中。它们主要招收具有初中毕业程度的在职青少年,主要有日间部和夜间部两种形式,具有业余教育性质,教学计划与全日制基本相同,毕业后也可以报考大学。

(3)通信制(函授制)高中。它们主要招收没有机会进入全日制和定时制高中学习的、具有初中毕业程度的在职青少年,通常不用每天到校,一周约来校1~2次,采取函授或多媒体等方式授课,教师定期组织学生面授或考试,教学计划也与全日制基本相同,毕业后也可以报考大学。近年来,随着通信制(函授

---

① 文部科学省.2011年学校基本调查[EB/OL].http://www.mext.go.jp/

制)高中的增设,定时制高中学校的数量及在校生数量呈现逐渐减少的趋势。

此外,日本政府还分别于 1988 年在定时制和通信制(函授制)课程中,1993 年在全日制课程中导入学分制教学制度。所谓学分制高中,是指教育课程的设置不受学年限制,学生可以根据自身的兴趣爱好及未来发展方向自由选择科目学习,只要能在规定的 3 年时间内修满高中毕业所需最低必修学分(一般为 80 学分)即可毕业。

日本高中教育任务的双重性以及结构的多样性决定了它的学制具有灵活性的特点。学制年限因各种学校类型及授课方式的不同而长短不一。例如,全日制高中的修业年限为 3 年,定时制和通信制(函授制)高中的修业年限一般为 3 年以上。

拓展阅读

日本的高级中学处于初级中等教育和高等教育之间承上启下的重要阶段,担负着向高等学校输送合格毕业生和为社会培养合格劳动者的双重任务,兼顾一般教养教育与专门职业教育。日本文部省于 1999 年 3 月 29 日修订的《学校教育法》第五十一条规定,高级中学教育的目的和教育任务如下:"高中是在初等教育的基础上,为适应青少年的身心发展,以实施高等普通教育及专门教育为目的。"为了实现上述目的,该法第五十二条规定了高中教育必须努力实现以下三项培养目标:(1)进一步发展和扩充初中教育的成果,培养作为国家及社会有为的建设者所应具备的素质;(2)使学生自觉认识到自身在社会中必须履行的使命,依据自己的个性决定未来的出路,并提升一般的文化教养,掌握专门的技能;(3)培养广泛而深刻地理解社会的能力及健全的批判能力,并致力于个人个性的确立。

日本高中教育的多样化改革始于 20 世纪 70 年代。在以实现多样化和个性化为目标的改革理念下,"中教审"提出要对高中教育进行制度创新。这一阶段的改革与 20 世纪五六十年代的学科、课程多样化不同,它把视野扩大到了学制、学校类型方面,核心是设立新型的学校和学科。

这一时期的高中教育多样化改革主要是设立以下五种类型的高中。

一、学分制高中

日本的高中以前就引入了学分制,但一直与学年制相结合,实质上是学年学分制。1988年,为了促进定时制(即非全日制)和通信制(即函授制)高中课程设置的灵活化,日本开始允许这两种类型的高中实施完全的学分制。1993年以后,日本在全日制高中也引入了完全的学分制。

所谓学分制高中,是指完全不按学年安排教育课程,学生修满规定学分即可毕业的高中。学分制不存在留级,由于没有学年和班级,因此入学时间不同的学生完全有可能在一起上课,学生可以根据自己的学习情况安排学习进度;学分制高中开设大量的选修课,学生可以根据自己的学习计划和兴趣选择相关的科目;由于学生毕业的要件是学分,因此在其他地方学过的内容只要经过相关认定考试,学分制高中都可以认定其学分;还有些学校在每天的学习时间安排上也给予学生充分的选择自由,每日的在校时间甚至可以8至12小时不等。学分制高中在1988年时只有4所,1993年时有38所,而到了2008年已经发展到857所,约占高中总数的16.34%。

二、综合学科高中

战后日本高中主要分为"普通科"(即普通高中)和"职业科"(后称"专门学科",指只设一种专业即"教科"的职业高中,如农业高中),但也有高中被称为"综合制"高中。"综合制"是指既设普通科又设职业科的高中,或者指设置若干专业的职业高中(如工商高中、商工高中、实业高中等)。但这些所谓的"综合制"高中其普通科和职业科虽然同时设于一校却互不相通,学生只能属于其中的一科。普通科和职业科的分离,导致约1/5不考大学而是就业的普通科学生得不到职业教育,而有愿望升入大学的职业科学生也享受不到普通教育。而在拥有若干专业的"综合制"职业高中,学生也只能属于其中一种专业,而不能同时学习多个专业的内容。在这种情况下,1991年中央教育审议会向文部省提交的题为《关于适应新时代的教育诸制度的改革》咨询报告就提出,必须突破原有的普通科与职业科相分离的制度限制。1993年,"高中教育改革推进会议"公布了第四次会议报告《高中教育改革的推进——关于综合学科》,建议设置与原有的普通科和专门学科并列的综合学科。文部省接受上述报告后,于1993年颁发了关于设立综合学科的通知及文部省的修正令。自1994年起,日本开始正式设立"综合学科"高中。①

所谓"综合学科"高中,是指同时设"普通科"和"专门学科",可以对学生综合进行普通教育和专门教育(日语中的高中"专门教育"包含两种含义,第一是

---

① 齐树同.日本高中的综合学科述评[J].日本问题研究,2003,(1):57-61.

普通教育中程度较高的、具有一定专业性的教育；第二是职业教育）的高中。"综合学科"高中的特点是学生可以跨普通教育和专门教育自由选择学习科目，且选修范围更广，从而激发学生的学习动力和主体性。综合科的必修学科包括"产业社会与人""信息基础"和"课题研究"等，同时还有供学生选择的综合科目群。"综合学科"高中在 1994 年时只有 7 所，而到了 2010 年已经发展到 349 所，占高中总数的 7%。

三、初中高中一贯制学校

初高中一贯教育学校（日文汉字为"中高一贯教育校"）的方案是在 1997 年"中教审"《关于 21 世纪我国教育的展望》中首次提出的，在 1998 年《学校教育法》修订后，于 1999 年开始正式实施。

初高中一贯教育学校主要有三种类型：第一种在法律上被称为"中等教育学校"，即在同一所学校内实施初高中六年一贯教育，前三年称为"前期课程"，后三年称"后期课程"，前期课程结束后如果不愿继续升入高中，亦可获得初中学历毕业；第二种称为"并设型"学校，在初中和高中的举办者相同的情况下，两校实施六年一贯教育，初中毕业生升入高中时不进行高中入学选拔（但高中可以在名额允许的条件下同时对外招生）；第三种为"共建型"（日文汉字为"连携型"），即几所不同的初高中合作，共同开发课程计划，组建教师团队，开展学生交流，实施初中教育与高中教育的全面合作，初中毕业生升入高中时只进行简单的考试。有时，几所初中可以同时与一所高中进行共建。初中高中并设型学校和初中高中协作型学校从 1994 年 4 月开始设立，六年制"中等教育学校"制度从 1999 年 4 月开始实行。初高中一贯教育学校在 1999 年时只有 4 所，而到了 2011 年已经发展到 372 所，其中"并设型"学校有 289 所，"共建型"学校有 83 所，合起来约占高中总数的 7.35%。

四、学分制高中、综合学科高中、初中高中一贯制学校以外的新型高中

如集合型选修制高中、完全寄宿制高中、向社区开放的高中等。这类高中从 20 世纪 80 年代初即开始设立，现在各地仍在设立之中。

五、设置特色学科、课程的高中

目前，设置的特色学科、课程涉及农业、工业、商业、水产、家政、护理、福利、环境、信息、理数、国际（含语言学）、体育、艺术等各类职业科或专门科，同时也

在普通科高中设置了特色课程。

继 2010 年 4 月实行高中教育免费化之后,2011 年 12 月文部科学省又有了高中教育改革的新方向。作为文部科学省的咨询机构的中央教育审议会在初等中等教育分科会中新设了"高中教育会",专门研讨高中教育问题,日本普通高中多样化改革呈现出由制度改革转向内容改革的发展新趋势。此次改革的方向是"保证高中教育的质量"。

此前文部科学省推进的高中教育改革主要是促进高中教育的多样化、特色化。20 世纪 90 年代以来,日本在普通高中和职业高中以外新设了"综合高中"(升学与职业教育兼顾),同时新设全日制学分制高中、特色学科高中、初中高中一贯制学校等。之前的改革主要是以制度改革为中心,但从近两年各类学校的增长速度来看,高中的多样化改革即将进入停滞状态,例如 2011 年"综合高中"仅比上一年度增加 2 所;"初中高中一贯制学校"仅比上一年度增加了 18 所,其中公立高中仅增加了 3 所。

为了提高高中教育的整体水平,文部科学省修正了高中教育多样化、特色化路线,转而改善教育内容和指导形态,提出了今后的改革方向,主要有:(1)构筑个性化学习体系(符合每个学生的学习进度、能力、未来走向的教育,保证学生的学力);(2)强调培养社会需要的人才(全球化人才的培养、信息化人才的培养、职业教育的充实);(3)强化高中培养人格的功能(沟通能力、社会参与能力)等。同时,文部科学省在 2012 年的教育预算中大力支持国际大学入学资格考试——"国际高中联考",并引进了相应的课程体系。除了在以外国人子女为主的国际高中实行此联考以外,还将在普通高中进行试点。

典型案例

全日制高中是日本高中的主体。1993 年以后,教育法规的修订使全日制高中也可设置学分制高中,同时根据学分制原理增加综合学科课程。综合学科课程突破了普通学科和专门学科课程之间的界限,把不同内容的课程归纳分类,形成如人文科学、自然科学、生活教养、地域文化、国际理解、体育、文艺、工业技术、农业技术、信息技术和商业等十多种系列,允许学生选择和自己出路及兴趣有关的系列课程或者交叉选择各系列的课程,比综合选择制可选择的范围更大。

以全日制为主的综合高中原则上采用学分制。和歌山高中是 1994 年日本第一批同时采用综合学科和学分制的全日制高中之一。学生毕业必需的 90 学分中 52 学分可以让学生在语言文化、信息科学、工业技术、美术工艺等 7 个系列140多门课程中进行选择；同时对第二年次学生尽可能根据共同的选修科目分班，对第三年次学生尽可能根据相同的高考意向、就职意向分班或者分小组，加强集体活动和友谊意识。

晴海高中是东京1996年重建的都立第一所全日制综合学科学分制高中。该校共开设了信息、国际商业、艺术文化、自然科学、社会经济等6个系列课程，分别针对想考专门学校、理科及文科大学的学生的需要。学生从第二年开始自由选择系列和课程。2002年度以前入学的学生必须选修86学分以上，其中80学分以上要有合格成绩，否则就不能三年毕业。

飞鸟高中是东京1996年设置的都立第一所全日制普通学科学分制高中，以培养将来在国际社会中活跃的人才的基础为重点，入学考试注重英语成绩，所以学生一直是女多男少。1999至2002年共毕业学生916人，其中四年制大学合格数614人。目前该校校长的经营方针是通过假期讲座和星期六补习等措施，确保学生四年制大学合格率在58%以上。

在个性化和特色化的改革目标下，日本也出现了一些重视高考升学的学分制高中。除奈良县奈良高中、埼玉县浦和高中等几所公立升学名校外，大多是原来高考合格率一般的公立普通高中，希望利用学分制自由选择的特点来构筑有效率的应试教育体系。

福岛县磐木光洋高中在1993年成为日本第一所采用学分制的全日制普通高中，沿袭文理类型制的教育课程目标，注重高考升学，学生从第二年次开始可以自主选择类型课程。虽然第一期毕业生四年制大学合格率只有46%，但第二期为67%，2001年升到81%。

1998年改制的茨城县牛久荣进高中把自己定位于升学型学分制高中，高考合格率迅速提高。该校把所有的课程按照学生高考志愿和大学入学考试科目细分为国立、公立及私立文理科类大学、艺术类大学、医疗农业类大学等8大类，第一年次和学年制相同，学生在自己班级的教室里学习必修科目，第二年次分流加强高考复习指导，学生根据自己选择的课程去不同教室上课。学校每天有6节课，但其间没有课的学生要在自习室自学，不能像大学生那样自由出入学校。

墨田川高中从2000年开始作为东京第一所公立升学型学分制高中，选修课只要够4人申请就开课。该校不仅注重指导学生实现考取大学的愿望，从第二年次开设了针对不同大学入学考试项目的演习课程，而且注重培养学生的发展性学习，开设了可以和大学科目衔接的探索教养课程。英语、数学等几门必修科目在第一年次第一学期以40人为一班，第二学期开始按照程度再分成20

人左右的小班展开学习。该校特别重视英语教学,聘请了4名外籍教师,第一年次就有7学分的英语必修课,因此被文部科学省在2002年度指定为东京唯一一所超级英语高中。①

反思与启示

适合的教育才是最好的,普通高中教育应坚持多样化办学、特色化发展,以适应现代化建设对各类人才的需要,适应每个学生成长发展的需要。《国家中长期教育改革和发展规划纲要(2010－2020年)》提出推动普通高中多样化发展,目的是要推进培养模式多样化,满足不同潜质学生的发展需要。提出普通高中多样化发展是有针对性的。那么,当前我国普通高中教育存在着哪些迫切需要解决的问题?推动普通高中多样化发展的关键又是什么?通过对我国普通高中教育情况的梳理,以及参考日本普通高中教育发展的情况,笔者力图从中寻找出答案,并尝试就推动普通高中多样化发展提出以下一些可行性建议。

第一,开展新型综合高中、特色高中建设试验,在政策支持、课程改革策略、特色发展方向和优化社会环境等专题上深入研究推动高中阶段教育多样化发展,探索学校多样化发展的新途径。普通高中的多样化的目的是推进培养模式多样化,满足不同潜质学生的发展需要,而通过建立个别化教育体系,以灵活的、可供多种选择的课程设置来满足学生多样化选择的需要,已经被证明是可行的,且有许多成功的经验可以借鉴,应该成为普通高中多样化的主要形式。与此同时,在普通高中学校数量较多的区域,可以考虑建立少量的如艺术高中、体育高中或科技高中等"专门学校",以满足一些志趣分化明显、职业倾向清晰的学生就读特色高中的需要。

第二,以推进高中课程改革为重点,鼓励学校走以课程建设为核心的内涵式发展道路,自主探索学校特色发展的新途径,推动高中阶段教育多样化发展。个别化教育体系的建立是普通高中多样化的关键,而选修课程的建设则是其中的核心任务,因此,普通高中新课程改革自然就是推动我国普通高中多样化发展的重要平台。调整必修课程和选修课程的结构,将必修课程明确定位于提高国民素质这个目的,适当降低必修课程的水平及其内容的难度和广度,让其成为全体国民的"共同基础",起到提高国民素质的"保底"作用;同时,增大选修课

---

①刘琪.日本高中学分制的变迁和多样化的学分制高中[J].全球教育展望,2003,(2):43-47.

程在总课时中的比例,调整选修课程的结构,形成分水平的学术课程、兴趣拓展课程、职业准备教育课程、中职课程以及大学先修课程等选修课程系列,起到促进学生个性发展的"扬长"作用。

第三,建立普通高中与中等职业教育、高等职业教育、普通本科教育、研究生教育的立交桥,为学生提供多元化的学习机会和资源,形成独特的教育风格和学校文化,为多样化人才的培养服务。为此,建议加强普通高中学校间的合作,共通共享所开发的高质量的选修课程;加强普通高中和职业高中学校间的合作,将部分中职课程引入普通高中;加强普通高中与大学的联系,建设大学先修课程;加强普通高中学校与社会教育机构的联系,增加学生选修课程的资源;加强普通高中学校信息化建设,充分利用信息化手段为学生提供更大的选择空间。

第四,发挥优质高中在特色办学中的示范和带动作用,增强学校的办学活力,提高办学水平,不断扩大优质资源。

第五,建立健全推动普通高中学校多样化发展的督导评价制度,突出对学校办学特色的评价,引导学校正当开展办学水平竞争。

第六,加强研究性学习和实验、实践教学,建立学生发展指导制度,培养创新精神、实践能力和社会适应能力,引导学生自主学习和个性化发展。

日本高中学费免费化

教育公平的具体表现首先是入学机会的公平，免费普及义务教育，使所有的孩子有学上。

——顾明远

引言

义务教育年限的延长是世界义务教育发展的必然趋势。目前，全球 224 个国家和地区中有 170 多个已经实现了免费义务教育。发达国家大多普及了 12 年免费义务教育，并正向 15 年免费义务教育迈进，如比利时、德国、新西兰等。即使在发展中国家，12 年制免费义务教育也正在成为共识，如古巴教育支出占 GDP 的 6.3％，即使在最困难的时候，仍然实行 12 年义务教育。许多非洲穷国也坚持实施 12 年免费义务教育。

近些年来，一些专家学者及公众关于在我国普及 12 年义务教育的争论一直都未见停息。《国家中长期教育改革和发展规划纲要（2010—2020 年）》中提出，未来 10 年，我国仍然实行 9 年义务教育，学前教育、高中教育暂不纳入义务教育的范畴，但鼓励有条件的地区普及学前教育或高中阶段教育。事实上，在该纲要出台之前，一些地方已经悄然走在了全国的前面，开始推行 12 年义务教育。例如，2006 年，陕西省吴起县自秋季起将免费教育的范围由城乡 9 年义务教育扩大到城乡 12 年义务教育，将高中教育纳入免费范围；2007 年，珠海市自秋季新学期起对本市户籍的中小学生实行 12 年免费义务教育，其中 9 年义务教育阶段学费、书杂费全免，高中教育阶段免学费。

邻国日本，从 2010 年 4 月起正式实施高中学费全免化新政，意味着实施经年的日本免费义务教育朝着从 9 年延长至 12 年的方向迈进，标志着日本现代高中教育进入新的里程碑。究竟该项历史性措施是如何出炉的？对中国有何影响、有何启示？解读日本"高中无偿化"政策出台的始末，或将对我国未来推行 12 年义务教育政策具有重要的借鉴意义。

理论阐述

"高中学费无偿化"是以鸠山为首的民主党在 2009 年大选期间所提出来的最受日本国民关心的政见。随着 2009 年 9 月 16 日鸠山新内阁的启动,日本的各项政治、经济与社会改革也初现端倪。新首相上任之始,便开始兑现自己在竞选纲领中提到的延长义务教育年限的承诺。日本的义务教育将"向上普及"(高中教育),年限由原来的 9 年延长至 12 年。日本一贯重视教育,长期以来更将"教育立国"作为基本国策。实施免费高中教育,是民主党大选时的承诺之一,同时也是日本教育界多年的夙愿。新政府上任伊始便开始在教育行政上进行大刀阔斧的改革,日本社会不同阶层民众对该政策的真正实现充满了期待。据《东京朝刊》2009 年 9 月 19 日报道,从 2010 年 4 月新学期开始,将有约 330 万公立高中的学生享受免费教育。预计政府将需要拿出 4500 亿日元的财政预算为高中无偿化计划的实施埋单。

从明治维新以来的 130 余年间,日本的高中教育先后经历了精英化、大众化和普及化三大历史发展阶段。战前的中等教育实现了由精英化向大众化的过渡,战后的高中教育实现了由大众化向普及化的过渡,并且从 20 世纪 70 年代中期进入了高度普及化阶段。日本教育社会学者藤田英典在《高中教育的普及化与选拔原理》一文中借用美国社会学者马丁·特罗的高等教育发展阶段理论,主要以高中入学率为指标,把明治维新以来日本高中教育数量扩大和性质变化的过程划分为精英化、大众化和普及化三个阶段。其中,第一阶段为精英化阶段,是从明治初期至大正中期(约从 1872 年至 1920 年),该阶段中等学校(主要指旧制中学校、高等女学校、甲种实业学校)的入学率保持在 15% 以下;第二阶段为大众化阶段,是从大正中期到昭和二十年代末(约从 1920 年至 1954 年),该阶段中等学校或高级中学的入学率从 15% 提高到了 50%;第三阶段为普及化阶段,是从昭和二十年代末(约 1954 年)至今,该阶段高中的入学率超过了 50%。而且,以大正时代中期(1920 年前后)为分界点,战前的中等教育发生了第一次变化,即由精英化阶段向大众化阶段过渡。以昭和二十年代末(1954 年前后)为分界点,战后的高中教育发生了第二次变化,即由大众化阶段向普及化阶段过渡。以 1974 年日本高中入学率超过 90%(实际为 90.8%)为标志,日本的高中教育实际上进入了高度普及化阶段(日本学者称之为"准义务化阶段")。2011 年度日本普通高中入学率已高达 98.2%,这表明日本高中教育已经具有了"全民性"特征。①

　　尽管日本的高中教育已经广泛普及,但是和欧美等发达国家相比还存在较大的不足。目前欧美等发达国家的公立高中普遍实施包括教材费在内的免费教育,而日本的高中教育无论是国立、公立还是私立,还在推行高中有偿化政策。虽然相对于日本的国民收入,这部分的教育费用还可以承受,但是,当遇到严重经济危机的时候,还是会影响到很多家庭,使得部分高中出现生源紧缺或中途退学等现象。尤其是 2008 年爆发的全球性金融危机给全球经济造成重创,至今尚未摆脱不景气状况。在此经济衰退的大背景下,日本各类收入人群都无一例外受到影响,对许多低收入家庭更是造成了破坏性影响。因家庭收入减少而导致学生出现学费支付困难、辍学、学力低下等社会现实问题。鸠山新内阁延长义务教育年限的举措,有利于减轻日本家庭教育负担,为日本"新教育"理念打下坚定基石。

　　实施免费高中教育是日本民主党大选时的承诺之一,鸠山政权诞生之后,日本政府开始研究如何具体实施这一承诺。2009 年 9 月 25 日上午,在临时内阁会议后的记者见面会上,日本文部科学省大臣川端达夫针对民主党众议院选举公约所宣示的免除高中费用一项,表示会采用都、道、府、县各级交付给监护人学费补贴的"间接支付方式"来实现。民主党以前提出的直接支付给监护人的"直接支付方式"需要较多的事务经费,会给各级市、区、町、村增加负担,所以转换了新的支付形式。文部科学省大臣在记者见面会上表示,针对高中无偿化的具体内容,"会尽量避免直接以现金的方式交付给监护人,旨在不给各级部门过多的事务负担"。此举表明日本政府将会以"间接支付方式"为基本前提,逐步实施此项政策。此次高中无偿化制度的实现,需要对公立、私立高中的 330 万高中生提供约 4500 亿日元的财政补贴。民主党在例行国会上提出的关联法案中规定,原则上监护人可以通过市、区、町、村每年以"就学支援金"的名义拿到 12 万日元的补贴。但是,如果采用直接支付方式,会有以下弊端:事务经费预计需要数百亿日元;市、区、町、村的窗口工作会迅速膨胀;监护人不一定使用其作为高中学费。因此,在新旧政权的交替过程中,文部科学省通过了由都、道、府、县各级交付给监护人学费补贴的间接支付方式,对于再次提交的 2009 年下半年度的政府预算中,破例加进了文部科学省关于高中学费"无偿化"的经费提案。由于民主党在宣言(政权公约)中也曾提及实行高中学费的"无偿化"的议案,因此从 2010 年度开始,高中学费也会像对小学和初级中学一样实行无

---

①日本拟实施免费高中教育[EB/OL]. http://yoko24.blog.163.com/blog/static/
16767202 02009825928084/

偿化。高中学费无偿化的提案,基本上得到了肯定。①

而后,文部科学省从 2009 年的下半年度开始着手将高中学费无偿化的内容具体化,并提出了"高级中学等级就学支援金",根据预算大约需要 4501 亿日元。同时,根据国家公立高中的实际情况,每个学生的国家助学金每年金额约为 11 万 8800 日元,而各都、道、府、县等的学费也是同样的金额。至于私立高中,除了助学金以外,国家决定给予年收入不满 500 万日元的家庭大约 2 倍的助学金,共计 23 万 7600 日元。但是助学金并不是直接交付给学生的监护人,而是给学校,作为免征学费的"间接支付方式"。②

私立高中的平均学费每年大约为 35 万日元,在国家将公立高中学费无偿化逐步具体化的过程中,有家长担心,私立高中与公立高中的监护人之间的负担差距不就会扩大了吗? 针对这样的疑虑,文部科学大臣川端达夫表示,对于年收入在 350 万日元以下的家庭,都、道、府、县将对私立高中的学费和国家的助学金之间的差额进行具体的调查,将会按照学生的实际情况调整国家助学金的方针。政府机关同样要求地方总务省按具体情况调整针对助学金的财务情况。

文部科学省决定在 2010 年 1 月初的国会上提交关于高中授课无偿化的方案。虽然已经预想到实施这个方案将会很曲折,但是从 2010 年 4 月开始,不管是在国家公立高中,还是在私立高中上学的低收入家庭,都将实行高中的学费无偿化,而低收入家庭以外的家庭负担也会降至现行学费的三分之一或三分之二,会得到一定的减免。高中学费无偿化,意味着具有实际内容的义务教育化将高中教育的升学率提高到接近 98%,可以说在日本的教育史上是具有划时代的意义的。

高中授课无偿化在高中教育部的相关人员之间也有各种议论,对于那些真正需要支援的低收入家庭,因为得到了现今高中学费无偿化的优惠,并没有过多的看法,但经济上比较富裕的家庭由于减免措施而把多余的钱用到学校以外的教育机构上,反倒使孩子们之间的教育差距加大了。对于这个现象,文部科学省表示,在高中授课无偿化的同时,还有高中的入学费和教科书等的费用将纳入"高中奖学金"123 亿日元的预算要求之内,把年收入在 350 万日元以下的家庭的共约 45 万学生作为对象,由都、道、府、县设立了特别提供的奖学金。这些奖学金分别预定为,国家公立高中 1 年级 3 万 4000 日元(私立高中 19 万 7000 日元),2 年级 1 万 6000 日元(私立高中 1 万 5000 日元),3 年级 1 万 1000 日元(私立高中 1 万 1000 日元)。但是,2009 年 8 月的 455 亿日元高中奖学金并不在预算要求之内。不过,10 月再提交预算的时候,高中奖学金事业将会因

①新浪网.日本:采取间接方式实现高中无偿化制度[EB/OL].http://bj.house.sina.com.cn
②林泉忠.从大选承诺到日本学费全免[N].新闻晚报,2010-04-02.

为受到高中授课无偿化的冲击而减少一定的金额。①

日本《高中学费免费化法案》已于 2010 年 4 月 1 日起正式实施。该法案在"宗旨"部分强调,实行高中学费免费政策是为了减轻高中学生的家庭经济负担,促进教育机会均等,使所有有志向的高中生能够安心专注于学校学习,并能够进入大学深造。该法案规定,凡是日本的公(私)立高中、中等教育学校(后期教育)、特殊教育学校(高中部)以及高等专科学校(1~3 年级)都可以享受该免费政策和政府的学费补助(助学金)。一些接收中学毕业生的职业高中也在免费政策的范围之内。免费政策的受益对象还包括初中毕业后就读专修学校的学生、在日本就学的外籍学生以及日本的国际学校学生。根据此法案,日本所有公立高中将不再向学生收取学费,实行免费教育,对公立高中生家庭给予相当于学费数额的补助;而对于私立高中的学生,政府将根据其家庭收入情况给予一定的助学金,以缓解其家庭学费负担。② 这一法案是近年来日本基础教育改革与发展的重要体现,意味着实施多年的日本免费义务教育开始从 9 年延长至 12 年,标志着日本现代高中教育进入了新的阶段。

拓展阅读

高中学费全免化新政是根据日本国会 2010 年 3 月 31 日通过的新法案而实施的。继众议院表决通过后,日本参议院院会于旧学年度的最后一天,即 3 月 31 日审理这项备受瞩目的《高中学费免费化法案》,虽然在野的自民党反对这项议案,但是提出该法案的三党执政联盟(民主党、社民党、国民新党)所占的国会议席较多,加上在野的公明党和共产党表明支持,使这项法案以压倒性的票数获得通过。其后在众议院文部科学委员会的审议中,民主党、公明党、共产党三党又在原法案基础上,加上了施行后 3 年予以重新研究内容的附则。为了实施该法案,鸠山政府已在 4 月 1 日开始的新学年度编列了 4000 亿日元(约人民币 280 亿元)的预算。新法案实施前,公立高中生每年需付大约 12 万日元(约人民币 8000 元)的学费,私立高中则需付 25 万至 35 万日元(约人民币 18 000~25 000 元)。该法案实施后,占全国高中 73.6% 的日本公立学校的高中生将不再需要缴付学费,至于私立高中则根据每个家庭的收入情况,由国家补助每个高中生 118 800~237 600 日元(约人民币 8000~17 000 元)不等的奖

---

①齐藤刚史."高中无偿化"的具体内容[EB/OL].http://www.dltcedu.org/index_5/html/25256.shtml

②何晓雷.《高中学费免费化法案》述评——日本的经验及其思考[J].教育发展研究,2010,(18):80-83.

学金。这项措施的受益对象,还包括初中毕业后就读专修学校的学生、在日本就学的外籍学生以及日本的国际学校的学生。其中,日本多所中华学校也包括在内。

《高中学费免费化法案》的积极意义在于如下几点。

一、有利于突破日本教育发展的"瓶颈"

近年来,由于日本教育管理体制和教育方法的刻板、划一与封闭,教育过于偏重知识的灌输等,致使日本学生的身心健康得不到全面发展,适应国际化、信息化的能力越来越低。另外,面对全球经济一体化对科技与创新人才的要求,日本僵化的教育体制也显得力不从心,严重阻碍着教育功能的正常发挥,影响了日本社会的发展和国际竞争力的提升。因此,加强青少年教育,显得比以往任何时候都更为迫切。此时实施免费高中教育,有利于建立和完善终身教育体制,实现学校教育的多样化和灵活化,在比较宽松的学习环境中提高学生的学习能力,培养他们的生存能力,实现中等教育的个性化和特色化。

二、有利于促进教育机会公平和人才培养

日本政府和国民在重视教育及其投入的同时,也十分重视教育公平问题。为确保教育公平的实现,日本政府通过制定法律、采取行政措施和财政拨款推进国民教育机会均等。日本是世界公认的教育公平程度较高的国家之一。但是,随着高中教育的普及化,出现了家长对学校优质教育的选择权和教育公平之间的矛盾,使得教育公平问题近年来又重新成为日本教育界凸显的问题。特别是由于从 2008 年秋天开始的全球经济危机的不断深入,日本家庭的经济收入缩减,因为经济原因而不上高中、中途退学、半工半读的高中学生大量涌现。为了使高中生不至于因家庭经济原因而辍学和学力降低,让贫困家庭的优秀高中生进入大学,实现使日本成为人才大国的目标,日本政府决定实行无家庭收入限定的免费高中教育制度。

《高中学费免费化法案》的出台引发了日本社会各界的争议。鸠山新内阁的免除学费政策及学费补助政策深受教育界的欢迎,社会同时期待此举能够消除"教育差别",推进义务教育均衡发展。不过,该政策如何让人受益,是直接补助给家庭,还是间接通过地方政府将款项划拨到各学校,同样引发了社会各界的激烈争论。而该政策能否消灭学校间的两极分化,也仍充满了变数。日本全国家长与教师协会副主席土井认为,以间接拨款的方式,即通过地方政府将款项划拨到各学校当为上选。他认为,如果直接将经费划拨到每个家庭,并不能保证每户人家都将这笔款项用到学费上。此外,政府是否能够通过恰当的方式

筹措到这笔款项也是个问题。他不希望这个政策带来负面影响。

此项举措也引起了教育界特别是私立高中相关人士的诸多担忧。目前日本私立高中平均每月学费为 3 万日元。如一旦对公立高中实行免费教育,可能会导致部分生源流向公办高中,私立高中将面临"生源危机"的考验。因为在此项改革中,私立高中生一户仅能得到政府 12 万日元的援助(低收入家庭可得到 24 万日元),远远低于公立高中。日本私立高中联合会事务局局长福岛康志说,希望政府的下一步政策能够照顾到拥有全国大约 30%、东京都内 50% 的学生的私立高中的实际情况。也有评论者认为,让高中教育免费并不能解决当前日本学校面临的问题。比如关东的一所公立高中,尽管大约一半的学生能够享受到学费减免政策,但大多数家庭仍没有能力负担学生的郊游、教辅材料等费用。该学校的一位老师说:"低收入家庭还需要获得学费之外的经济资助。"另外,此次高中免费教育的举措将会再次引发是否应将高中纳入义务教育体系的争论。日本开放大学的小泽教授说,他对免费高中教育持支持的态度。但他同时表示,应该给学生保留选择不上高中的权利。小泽说:"为那些初中毕业就打算就业,以及因为经济原因而高中辍学的年轻人提供帮助也是很重要的。"①

典型案例

高中学费无偿化政策的新动向

动向一:据 2012 年 1 月 5 日日本《朝日新闻》报道,日本文部科学省的调研结果显示,中途退学后又重回原来高中或者其他高中的学生人数从 2003 年度的 11 245 人减至 2009 年度的 6921 人。日本从 2010 年度开始免除公立高中的学费,而对于需要缴纳学费的私立高中学生,国家也会给予和学费相当的教育补助金,这一政策被称为"高中学费无偿化"。虽然对于这一政策有不同的意见出现,但日本政府认为再入学人数的增加显示这一政策是有效的。分析称,日本长期经济不景气导致了部分苦难学生再入学受阻。而实行免费政策以来,2010 年度高中生中途退学后再入学人数比 2009 年度增加了 13%,达到了 7617 人(不包括地震重灾区的岩手、宫城、福岛三县),7 年来首次出现增加。

动向二:2012 年 2 月 25 日,民主党、自民党和公明党就高中教育免费的问题进行了讨论。在是否应该在高中教育中引入收入限制等问题上,三党意见不一。自民党和公明党主张在高中教育免费化的基础上设置收入限制,对家庭收入在一定标准之上的学生收取学费,用得到的学费盈余设立基金会,对私立高

---

①日本拟实施免费高中教育[EB/OL]. http://yoko24.blog.163.com/blog/static/1676720202009825928084/

中的学生进行学费补贴。而民主党认为,学校很难得知学生的家庭收入情况,并且难以管理学生家庭收入等信息,因此表示并不赞同。此外,自民党主张高中教育免费化的对象应不包含日本境内的朝鲜人专门学校。对此,民主党回应说需经过调查讨论后才能做出判断。三党的意见仍有分歧。

动向三:据日本《西日本新闻》2012 年 5 月 11 日报道,日本 37 个地方政府已实施低收入私立高中职免学费制度。自 2010 年 4 月起,日本政府开始实施"高中学费无偿化"制度(学生读高中和中职免学费,只需要缴教科书、平安保险等杂费)。依据法律规定,公立高中职的学费全免;私立高中职学生则补贴"就学支援金"。支援金按人头计算,基本额度是每个私立高中职生每年 11.88 万日元,并随家庭年收入所得适时调整。家庭年收入不满 250 万日元者,每年补助 23.76 万日元;家庭年收入为 250 万日元以上、不满 350 万日元者,每年补助 17.82 万日元。由于新制度实施后,并没有彻底解决私立高中职生学费负担过高的问题,因此国会审议通过的法案里,针对公立、私立高中职学费的差距以及低收入家庭的相应改善策略等两个项目,做出 3 年后必须重新检讨改进的附带决议。纵观日本各道、府、县,从 4 月开始实施"高校无偿化"制度后,除了中央政府针对私立高中职生所发放的就学支持金,它们也各自编列预算补贴低收入家庭,目前计有 47 个道、府、县中的 37 个针对符合标准的低收入家庭提供私立高中职生的学费全额补助。

动向四:日本高中教育免费计划最快有望在 2014 年全面实施。据日本《产经新闻》2013 年 5 月 10 日报道,日本文部科学大臣下村博文在当天内阁会议后的新闻发布会上表示,免费高中教育计划对象家庭的年收入上限初步定为 800 万~900 万日元(约合人民币 48 万~54 万元),最快有望在 2014 年实施。目前分配给免费高中教育计划的预算约为每年 4000 亿日元(约合人民币 243 亿元),对对象家庭收入做出限制是为了保证能够让低收入家庭尽可能多地获得实惠。关于计划的实施时间,下村博文表示:"要先由财务省和执政党达成协议,然后要提前通知各地相关自治团体,还要对相关法律条款进行修改。能否在 2014 年实施还是未知数,但我们会努力尽早将其实施。"①

反思与启示

随着我国经济的迅猛发展和国力的日益提升,"延长九年义务教育至十二年"的呼声在国内日渐高涨。其中,部分人主张将学前教育纳入义务教育范畴,

---

①新浪教育.日本或于 2014 年实施高中教育免费计划[EB/OL].http://edu.sina.com.cn/a/2013-05-13/1526228244.shtml

另一部分则主张将义务教育从初中阶段延长至高中阶段。固然,实行十二年制免费义务教育,可以缓解乃至消除教育不公,可以整体提高农村和城市低收入家庭孩子的素质,不仅可以从整体上极大地提高整个国民素质,而且可以正面促进教育改革,使高考不再成为初中级教育的唯一指挥棒,促进教育现代化,真正实现"以人为本""教育优先发展"和"人才强国"。但是,各国实施义务教育的年限长短大体是由该国的经济发展水平和文化教育程度决定的。我国还是发展中国家,经济发展水平远远赶不上欧美等发达国家。如果不考虑一个国家的综合实力,不考虑一个国家的经济水平,不考虑当前义务教育的普及率等现实因素,一味地延长义务教育年限,只能是盲目的、莽撞的、不切实际的行为。

21世纪,中国迎来了基本完成义务教育普及工作的"后普九"阶段。进入"后普九"阶段,在相当长一段时间里,教育特别是基础教育的重心仍应放在"普九"上,使我国的义务教育由确保数量上的达标转向注重教育质量、重视均衡发展、关注教育公平等方面,以确保义务教育的质量和公平水平的不断提高,城乡、地区之间义务教育得到均衡发展。在这样的情况下,延长义务教育的年限并不是最迫切的任务,从我国目前的经济社会发展状况和水平来看,在相当多的地方还会很困难。在我国全面达到"普九"标准之前,国家还不能提出近期普及高中阶段义务教育的规划目标。

从目前世界高中教育改革与发展趋势来看,通行的做法是实行免费高中教育,延长义务教育年限。我国部分省市也在积极开展免费高中教育试点工作,北京、河北唐山、河南新郑、广东江门、广西凭祥、陕西吴起、重庆开县、新疆鄯善等地,都在积极酝酿把高中阶段纳入义务教育,并出台了相应的政策措施和实施方案,高中教育免费制度逐步由贫困弱势群体向全体大众过渡,但目前还都处于尝试阶段。目前实施高中教育免费制度最大的问题可能是财政经费问题;除此之外,地区差异、教育观念、就业观念等问题也是制约和影响我国实施高中教育免费制度的因素。

日本免费高中教育走在了我们国家的前面,其中,政府勇于承担责任和财政投入、公立高中免费教育不设立收入限制、对私立高中进行补助等做法和经验值得我们借鉴。

普职一体化的日本综合高中

综合中学尽力对所有未来公民提供普通教育,并试图在学术方面提供卓越的选修课程教育以及一流的职业教育。

——【美】科南特

引言

办学模式单一、人才培养模式趋同是世界各国高中教育发展面临的共同问题。针对这一问题,各国普遍实行将普通教育与职业教育相结合的"普职一体化"教育模式,促进高中办学体制多样化和培养模式多样化,把提高课程的多样性和选择性作为高中课程改革的突破口,将创新人才培养作为高中改革的重要内容。综合高中将普通高中教育与中等职业教育进行了有机地沟通与融合,是顺应时代发展需求的一种办学模式。世界各国对于举办综合高中表现出极大的关注,我国的《国家中长期教育改革和发展规划纲要(2010—2020年)》也提出要"探索综合高中发展模式"。日本的综合高中始建于1994年,肩负通识教育、学术性升学准备教育、职业技术教育等多种职能,对于促进高中教育体制的弹性化及教育形式的多样化发展起到了重要作用。

一直以来,我国传统的"非普即职"的办学方式限制了高中学生的全面发展与自主发展,越来越不适应经济社会发展对人才的需求。具体表现在:一方面,普通高中与职业高中之间欠缺交流融通,普职分离现象严重;另一方面,普通高中与义务教育、高等教育衔接不够,不能为学生的未来发展提供多样化发展途径。如何打破普通高中与中等职业学校长期形成的职能分割局面,构建普通高中与中等职业学校职能融合和互补机制,是我国当前高中改革面临的主要挑战之一。因此,研究日本综合高中的产生与发展历程,借鉴其现行制度中的成功经验,反思其存在的问题,探究其改革走向,无疑将会给我国高中教育体制改革与课程改革带来诸多启示。

理论阐述

世界各国都将多样化发展作为初中后教育结构改革的重要方向。这种多样性不仅表现在纵向的层次上的差异,还表现在横向上的办学性质、办学方向、课程内容和办学形式等方面的不同,其目的是为有不同学习能力和学习需求的学生提供适合的教育。比如,日本高中阶段的学习分为不同的类型,主要包括学分制高中、综合高中、初高中一贯教育学校、设置特色学科与课程的高中、集合型选修制高中、完全寄宿制高中等。多样性和选择性的培养模式是很多国家高中阶段教育模式的政策选择。这种培养设计既符合学生的发展特点,又符合当前社会的发展需要,还反映了高中阶段教育基础性与综合性的双重功能特征。

"二战"后,随着《教育基本法》和《学校教育法》的颁布与实施,日本成立了新制高中。新制高中的学科设置形成了实施普通教育的"普通学科"(以升学为目标)与实施职业教育的"专门学科"(以就业为目标)并存的二元格局。此外,也有一些"综合制"高中①。这些所谓的"综合制"高中虽然既设有普通科也设有职业科,却相互独立、互不融通,学生只能属于其中的某一科或某一种专业。这种"普职分离"的现象导致许多不升学而选择就业的普通科学生不能受到职业教育,而志愿升学的职业科学生也无法接受普通教育。有鉴于此,为突破"双轨制"高中教育体制限制,满足学生全面发展和多样化发展的学习需要,举办多样化的高中,增强制度的开放性和灵活性,日本政府自20世纪60年代就开始了对新型高中的理论探索和实践摸索。日本文部省政策咨询机构——中央教育审议会(简称"中教审")于1966年向文部省提交的《关于后期中等教育的扩充与完善》咨询报告中提出了"随着高中入学率的升高,高中教育的内容与形式应在适合学生性向、能力、出路的同时,满足社会需求,实现多样化"。②1971年,中教审在《关于今后学校教育的综合扩充与完善的基本措施》的咨询报告中,提出了关于学校制度多样化的建议。

20世纪80年代,日本高中教育改革是在临时教育审议会(1984～1987)(简称"临教审")提出的咨询报告的指导下渐次展开的。1984年,中曾根康弘

---

①这里的"综合制"高中是指既设普通科又设职业科的高中,或者是只设置若干专业的职业高中,如工商高中、商工高中、实业高中等。

②文部科学省.中央教育審議会—後期中等教育の拡充整備について(答申)[EB/OL].www.mext.go.jp/b_menu/shingi/chuuou/toushin/661001.htm/2013-07-16.

首相设置了首相直辖的正规的教育改革咨询机构——临时教育审议会,开始规划面向 21 世纪的教育改革政策。临教审接受首相题为《为使教育适应我国社会变化和文化发展而进行的各项改革的基本方针》的咨询,在其存在的三年内,共提交了题为《关于教育改革》的四份咨询报告。咨询报告对中央集权型的教育行政的僵化弊端和学校教育的划一性、刻板性和封闭性进行了强烈的批判,针对教育体制存在的诸多弊端提出了一系列教育改革方案。其中,针对当时学生个性、能力和学习意愿等多样化的情况,第四次咨询报告从"重视个性原则""向终身学习体系过渡""应对变化"这三个角度出发,提出了"后期中等教育多样化""建立灵活的后期中等教育结构"等建议。①

　　20 世纪 90 年代是日本高中教育体制进入加快转型、全面深化改革的关键时期。1991 年,中教审在题为《关于应对新时代的教育诸制度的改革》的咨询报告中指出:"高中教育要适应学生的性向、能力和出路,同时,要与职业种类的专门化和新兴行业的人才需要相适应,要实施多样化政策""重新认识现在的这种普通科与职业学科的大致划分,设置将普通科与职业学科综合起来的新的学科"。② 报告建议:(1)在学校、学科制度方面,突破原有的普通科与职业科相分离的制度限制,设置融合普通高中课程与职业高中课程于一体的综合性的新学科,充实普通学科中的职业教育;(2)在教育内容和方法方面,促进学分制的灵活化,推进校际联合,即可以选学几所高中的课程并承认其所修学分等。为了落实中教审的建议,文部省成立了"高中教育改革推进会议",就开设综合性的新学科广泛开展调研活动,积极推进高中教育体制改革和课程改革向纵深发展。1993 年,"高中教育改革推进会议"在第四次会议报告《高中教育改革的推进——关于综合学科》中,首次正式使用"综合学科"一词,建议设置与原有的普通学科和专门学科并列的综合学科。同年,文部省颁布了关于设立综合学科的通知及相关的文部省修正令,启动了创建综合学科高中的改革试点。1994 年,筑波大学附属坂户高中、岩手县立岩谷堂高中等 7 所学校率先开设了综合学科,标志着综合学科高中正式作为日本高中教育体系的一部分,实现了制度化。

---

①文部科学省.学制百二十年史[第三編 第一章 第三節 三臨時教育審議会の答申][EB/OL]. http://www.mext.go.jp/b_menu/hakusho/html/hpbz199201/hpbz199201_2_061.html/2013-07-16.

②文部科学省.中央教育審議会—新しい時代に対応する教育の諸制度の改革について(答申)[EB/OL]. http://www.mext.go.jp/b_menu/shingi/old_chukyo/old_chukyo_index/toushin/1309574.htm/2013-07-16.

拓展阅读

设置综合学科是让"学生有效地发挥自己的个性,重视结合自己未来的职业选择,加深自己对未来出路的自觉认识",是为了适应学生多样化的学习要求及急剧变化的社会对人才的需求,故而各校开设的教学课程、科目数量,其名称和内容各不相同且各有特色。由于综合学科高中多由普通高中和专门高中改建而成,各校的课程大都保留原校的特色。如,原为普通高中的多开设自然科学、人文科学、国际文化等科目;原为专门高中如农业高中的,则多开设生物、人类环境、食品等科目,原工业高中则多设工业技术、环境工程学、系统技术等科目。此外,在综合学科高中,各学年的必修科目、选修科目的比重各异。如一年级开设"产业社会与人类"课,使学生通过实践加强体验,结合自己的职业志向选择未来的出路。在二、三年级,学生可从丰富的选择与选修课中获得信息并培养与教师、社区、社会的交往能力,扩大自己的知识面和兴趣爱好。学生参加志愿者活动、企业实习、农业体验劳动、社区的各种文体活动,及通过网络和通信卫星等技术手段所取得的成绩与资格均能获得学校的认可并得到相应学分。①

参见图1(见下页)所示,综合学科高中从诞生之初的区区7所学校,发展至今已初具规模。据文部科学省2013年8月7号发布的《学校基本调查》(2013年度)统计数据显示,截至2013年5月1号,日本共设有综合学科高中364所,占高中总数的7.3%。从学校的设置主体来看,以公立学校居多,有328所,占总数的90.1%;私立次之,有34所;国立2所。从课程的设置形态来看,以全日制为主,有326所,定时制38所。从学生人数来看,综合学科高中学生17万3680人,占高中学生总数的5.2%。② 从各地的设置情况来看,公立综合高中遍布日本列岛47个都道府县③,其中有45个都道府县的综合高中设置数

①魏春燕.综合学科——日本高中教育的第三学科[J].外国教育研究,1996,(4):27-30.
②文部科学省.平成25年度学校基本调查—调查结果的概要(初等中等教育機関、専修学校・各種学校)[EB/OL]. http://www.mext.go.jp/b_menu/houdou/25/08/attach/1338337.htm/2013-08-10.
③日本的行政区划是由都道府县和市区町村两个层次组成。其中,1都(东京都)、1道(北海道)、2府(京都府和大阪府)、43个县是平行的一级行政区,直属中央政府。

量已超过1所。① 近年来,在日本高中学校和学生总数都持续减少的情况下,综合高中不仅学校数量、学生人数逐年稳步增长,其办学成效也得到学生及家长等社会各方面的认可,呈现出稳步发展态势。

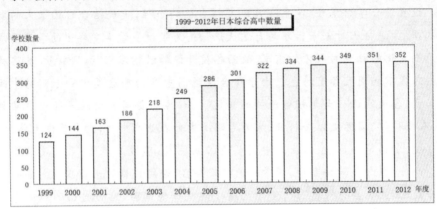

图1 1999－2012年日本综合高中增长趋势图

下面,笔者将从培养目标、课程设置、学习制度、教师配置与教职员工研修、保障制度等五个方面对日本综合高中现行制度进行介绍。

1.培养目标

综合学科是以选修制为特征,综合实施普通教育、专业性教育及职业性教育的学科。综合学科高中是指既有"普通学科"又有"专门学科",可以对学生进行"普职融通"综合性教育的高中。综合学科高中的培养目标是:(1)重视发挥学生的主观能动性,增强学生学习的主体意识,并能够从中体验到学习的乐趣和成就感;(2)注重在学习中把未来职业的选择纳入学生的视野,加强学生对未来出路的自觉认识和就业主动性;(3)通过综合性地学习普通学科和专门学科知识,激发学生的学习动力和主体性,重视实践性、体验性学习,培养学生的社会适应能力和生存能力。②

2.课程设置

综合学科高中的显著特点在于其以选修制为核心的课程结构。综合学科高中课程体系由共同必修科目、综合学科高中原则上必修的基础科目、综合选

①文部科学省.高等学校教育の改革に関する推進状況(平成24年度版)[EB/OL]. http://www.mext.go.jp/b_menu/houdou/24/11/1328552.htm/2013-07-16.

②文部科学省.高等学校学習指導要領解説[EB/OL].http://www.mext.go.jp/a_menu/shotou/new－cs/youryou/1304427.htm/2013-08-15.

修科目群和自由选修科目四个部分组成,学生最低须修满 74 学分方可毕业。

(1)共同必修科目

共同必修科目属于国家课程体系,是普通学科、专门职业学科和综合学科高中的所有高中生都要学习的公共必修科目,包括日语、地理历史、公民、数学、理科、保健体育、艺术、外语、家政、信息 10 学科 57 科目及综合实践活动。除保健体育是共同必修外,新修订的 2008 年版《高等学校学习指导要领》在其余 9 类必修学科中按照各学科内容与类型等不同又设置了难易程度不同的科目供学生自由选修。学生可以根据个人的特长、兴趣以及自己未来发展方向,在教师指导下,从这些学科中选择适合自己学习的科目。例如数学包括数学Ⅰ、数学Ⅱ、数学Ⅲ、数学 A、数学 B、数学活用 6 门课程;理科包括科学与人类生活、物理基础、物理、化学基础、化学、生物基础、生物、地学基础、地学、理科课题研究 10 门课程。其中,数学Ⅰ和科学与人类生活为规定必修课程,其他皆可自由选修。

(2)综合学科高中原则上必修的基础科目

原则上必修科目的设置目的在于帮助学生明确自身今后的出路,并学习作为将来职业生活基础的知识和技术,原则上要求综合学科所有学生都要学习。具体包括"产业社会与人类"(2～4 学分)、"信息基础科目"(2～4 学分)、"课题研究"(2～4 学分)等科目。

(3)综合选修科目群

综合学科的综合选修科目群为学生提供包括普通课程、专业课程及职业课程等多样化的选修课程。综合选修科目把不同内容的课程归纳分类,形成人文、信息、福利、自然、商务、国际、艺术、体育·健康、食品、工业、生活、环境、生命、地域等十余个系列。每一系列的具体课程由办学者及学校根据区域特色和学生实际情况决定,允许学生选择和自己出路及兴趣有关的系列课程或者交叉选择各系列的课程。从各综合高中的综合选修科目群实施的实际情况看,用"人文""信息""福利""自然"命名的系列居多。新《高等学校学习指导要领》规定,综合高中原则上必修的基础科目和综合选修科目(课程群)中的专业课程与职业课程不得低于 25 学分。

(4)自由选修科目

综合选修科目和自由选修科目由各校自行设置。与综合选修科目相比,自由选修科目领域广阔、程度各异、种类繁多。其教学形式和选修则更为灵活多样,包括个别学习和小组学习等,旨在培养学生的表现力、沟通能力以及实践能力。

3.学习制度

综合学科打通了普通教育和职业教育的壁垒,将课堂学习与实践操作、体验活动有机结合起来,使学生通过实践加强体验,有利于学生的整体协调发展。以综合学科高中原则上必修的基础科目"产业社会与人类"课程为例,它是综合学科的核心课程,是综合学科高中课程体系最重要、最关键的组成部分。其课程目标被设定为:着眼于学生探索自身的生存方式,通过自我启发的体验式学习、讨论和研究,培养学生未来选择职业所必需的能力和态度等,包括人际交往和交换信息等未来职业生活所必需的沟通能力,培育实现人生意义所必需的终身学习意愿和态度;使学生明确在现实的产业社会中自我的生存方式,并培育积极投身于社会的意愿和态度。其主要内容包括:职业与生活、科技与产业发展对社会的影响、出路及自我实现等。该课程教学方式独特,在开展需要专业知识与技能的学习活动时,由具有该专业教师资格证的教师采用小组合作教学的方式展开教学。学习活动以组织参观企业、开展企业实习、志愿者活动等体验式学习为主,通过开展调查研究、参加生产实践以获取劳动体验。

4.教师配置与教职员工研修

综合高中以公立学校为主,在教职员配置上主要是依据《关于公立高中的适当配置及教职员配置定额与标准的法律》。该法律对学校班级数量、机构配置、班师比、教职员人数以及配置标准等都做出了明确规定,并出台了同法施行令保证法律得以有效实施。另一方面,文部科学省还设置有一定数量的机动性岗位,允许各都道府县根据本地区教育事业发展规划和财政承受能力,在一定编制比例范围内浮动。据《关于高中教育改革推进的调查研究》(2011年度)调研结果,在接受问卷调查的194所公立综合高中里,增配教师编制的学校有103所,占53.1%,合计增配教师570名。其中,以"综合学科·学分制"等为由增配教师394名,占69.7%。在教师研修方面,实施以新调入教师为对象的校内研修的学校有137所,占65%。研修内容包括综合学科的教育课程(87.6%)、综合学科体系(82.5%)、综合学科的理念(66.4%)以及关于"产业社会与人类"(65%)。校内教职员工年度研修次数每年举办一次的占20.6%,每年举办两次以上的占26.3%,没有举办过的占44%。不举办教职员工研修的理由依次是"无法确保研修时间"(48.9%)、"认为没有研修的必要"(30.4%)和"没有合适的研修讲师"(10.9%)等。①

---

① 文部科学省.高等学校教育改革の推進に関する調査研究事業(平成24年度)[EB/OL].http://www.mext.go.jp/a_menu/shotou/kaikaku/seido/1321484.htm/2013-08-16.

5.保障制度

(1)弹性化的学分制。以全日制为主的综合高中原则上采用学分制。学分制是把规定的毕业最低总学分作为衡量学生学习量和毕业标准的一种教学管理制度。在这种制度下,学生可以不受学期及学年的限制,根据自己的能力、适应性、兴趣和未来出路等自由选择相关科目,制订自己的学习计划,并依照学习计划自主开展学习。文部科学省通过实施《学校教育法实施规则》和《高中学习指导要领》规定必修学科和选择必修学科的标准学分、全年授课周数、每周授课时数以及高中毕业应取得的最低学分。学生只要修够毕业所要求的学分,毕业资格就会得到认定。

(2)校际学分互认及技能审查成果的学分认定。综合高中积极开展校际交流与合作,推行学分互认,允许学生在特定的学期或时间去其他学校修读本校没有开设的科目。这种制度不仅实现了校际学科的优势互补和教学资源的共享,更加有利于拓宽学生的视野和知识面,提高学生的综合素质,培养出更加符合经济社会需要的宽口径的应用型人才。此外,综合高中还对学生取得学分的方式放宽了限制,即除去承认在各类教育机构修读相应课程获得的学分之外,对学生取得的各类技能审查成绩与资格、在校外参加志愿者活动与企业实习等取得的成绩与资格都予以学分认定。根据《关于高中教育改革推进的调查研究》(2011年度)调研结果,在综合高中校外修读课程学分认定中,实施校际学分互认的学校有21所,占10%;实施学生在大学、高等专门学校、专门学校、社会教育机构等修得的学分经所在学校审核通过后予以学分认定的学校有45所,占21.5%;实施对取得各类技能审查成绩与资格计入学分的学校有123所,占58.9%;实施对学生在校外参加志愿者活动取得的成绩与资格予以学分认定的学校有38所,占18.2%;实施对企业实习成绩予以学分认定的学校有42所,占19.6%。[①]

(3)灵活的学籍管理。综合高中的学籍管理机动灵活,对于不适应综合高中学习的学生,允许他们转专业或转学;对于已经中途退学又想回来就读的学生,积极受理他们的再入学(插班)志愿。这样不仅能在一定程度上减少中途退学学生的人数,而且对于学生今后的人生发展也是大有裨益的。

综合高中的诞生,打破了日本高中阶段普职教育分流的传统格局,形成多元选择课程体系、灵活多样的教学管理和富有成效的就业指导,为构建普职融通、双

---

①文部科学省.高等学校教育改革の推進に関する調査研究事業(平成24年度)[EB/OL].http://www.mext.go.jp/a_menu/shotou/kaikaku/seido/1321484.htm/2013-08-16.

向并轨的办学机制做出了贡献,成为加快日本教育整体改革的重要契机。但是,在日本综合高中的发展过程中,仍然存在许多亟待解决的难题与课题。

在文部科学省委托东京女子体育大学实施的 2012 年度《关于综合学科理想状态的调查研究》中,综合高中与其所属地方教育委员会分别从不同角度阐述了综合高中的现存问题。东京女子体育大学对 322 所综合高中校长协会加盟校、都道府县及设置综合学科高中的市共计 58 个教育委员会实施了问卷调查,问卷回收率和有效率分别为 75.9% 和 64.9%。关于"综合学科高中现在存在的问题",问卷给出了 18 个选择项,其中校方和教育委员会方认为"由于开设了多学科、多种类、多样化的选修课程,与其他学科高中相比,教师的负担很大"的分别占 79.3% 和 78.3%;认为"由于学生缺乏目标意识及对未来出路的自觉认识,很难自主地进行科目选择,存在选择难度低的科目的倾向"的分别占 59.2% 和 75%;认为"学生及其家长对综合学科的理解不深刻、综合高中理念未能彻底落实"的分别占 61.8% 和 68.3%;认为"中学和高中教职员对综合学科的认识不充分"的分别占 57.5% 和 61.7%;认为"由于教师数量不足导致开设的课程数量有限"的分别占 62.6% 和 60%;认为"受财政性教育经费的制约,为实施专门教育所必需的设施、设备不完备"的分别占 50.6% 和 46.7%;认为"高中教职员对综合学科的认识不充分"的分别占 48.9% 和 41.7%;认为"由于学生基础学力不足导致实施专门教育存在一定难度"的分别占 50.6% 和 38.3%。此外,一方面,校方认为"由于拥有比普通学科和专门学科更为多样化的选修课程,要掌握综合学科,每个学生的学习与生活状况存在很大困难"的占 41.4%;认为"由于就业教育指导教师的不足,导致不能满足每个学生的需求"的占 34.2%。另一方面,教育委员会方认为"与其他学科高中相比,综合学科高中的日常运营经费(含人工费)消耗太大"的占 43.2%;认为"在学生毕业出路实绩中未能体现出自主性学习成果"的占 36.4%;认为"受财政性教育经费的制约,进一步推进综合学科完善与发展存在困难"的占 35%;等等。①

针对上述综合学科高中存在的问题,《关于高中教育改革推进的调查研究》(2011 年度)指出了综合学科今后发展的趋势及将要面临的课题。首先,鉴于综合高中学生缺乏目标意识及对未来出路的自觉认识,综合高中设置者与其所属教育委员会认为有必要加深高中教师及其他相关人员对综合学科的意义和目标的了解和正确认识。同时,进一步完善能够体现综合学科特色的教育活动

---

① 文部科学省.総合学科の在り方に関する調査研究[EB/OL].http://www.mext.go.jp/a_menu/shotou/kaikaku/seido/1321627.htm/2013-08-16.

与教育环境。其次,由于学生家长、区域居民甚至相当一部分中学和高中教师对综合学科缺乏理解,因此有必要强化相关人员对综合学科的意义与目标的认识,充分利用和发挥大众传媒,宣传综合学科高中取得的成果。最后,综合学科高中通过在普通学科与专门学科中广泛开设选修课程,为学生发挥自主能动性开辟选择空间,让学生能够根据自己的能力、兴趣爱好、个性特征以及自己未来的出路等自主选择学习科目、学习时间,在不同的选修课和不断的体验式学习中寻找自己的职业倾向,为未来的出路积累一定的理论基础和实践经验。但是,综合高中存在的开设选修课所必需的设施设备不完备、职业教育师资力量缺口大等现实问题亟待解决。为此,设置综合学科的地方公共团体应该兼顾不同规模学校运转的实际情况,改造和建设教学设施,充实和完善相关设备,改善教学条件,创造良好的教学环境。同时,应该加强以教授"产业社会与人类"为主的职业教育课程的师资队伍建设,优化不同学科领域专业教师资源的配置,积极聘请校外有识之士为学生授课。①

典型案例

日本综合高中的课程设置具有灵活性、多样性和选择性的特点。除属于国家课程体系的共同必修科目、综合学科高中原则上必修的基础科目以外,文部科学省赋予其下辖都道府县各综合高中较大的课程设置自主权。各校依据自身的教学目标和办校特色,为具有不同兴趣爱好和个性差异的学生提供了领域广阔、程度各异、种类繁多的校本选修课程。下面以千叶县的木更津高中的丰富、多元的课程规划为例,一窥日本综合高中之魅力所在。

木更津综合高中是由拥有 40 年办学历史的木更津中央高中与拥有 30 年办学历史的清和女子短期大学附属高中在 2003 年 4 月合并而来的。该校综合学科课程规划的特色是从二年级开始设置了学习专门科目的"课程制"。"课程制"包括特别升学课程、综合课程、体育课程、信息商务课程、英语语言课程、医疗·看护·福利课程、保育·幼儿课程和生活科学课程八大类。其中,(1)共同必修科目方面,第一学年文理不分科,不设置选修课,全体学生必修国语综合、世界史 A、日本史 A、数学 I、化学基础、生物基础、体育、保健、艺术 I、英语会

---

①文部科学省.高等学校教育改革の推進に関する調査研究事業(平成 24 年度)[EB/OL].http://www.mext.go.jp/a_menu/shotou/kaikaku/seido/1321484.htm/2013-08-16.

话、交际英语Ⅰ、信息科学、综合学习时间、LHR①；第二学年必修现代文 B、世界史 B、日本史 B、数学 A、现代社会、物理基础、地学基础、体育、保健、交际英语Ⅱ、家庭基础、综合学习时间、LHR；第三学年必修现代文 B、古典 B、世界史 B、日本史 B、数学 B、政治·经济、物理基础、地学基础、体育、交际英语Ⅲ、综合学习时间、LHR。(2)综合学科高中原则上必修的基础科目方面，依年级顺序而上依次为信息科学、现代社会两门课程。(3)综合选修科目群方面，分为普通科目与专业科目两大类。其中，普通科目在八大课程中大都以国语、数学、英语等为主要科目；专业科目则多是各课程之精选、主修科目。八大类综合课程拥有共同自由选修课程 110 多个，其科目内容具有实用、弹性及多元之特征。②

反思与启示

高中教育在整个教育体系中起着承上启下的作用，对于学生未来的发展起着关键性作用。高中教育体系应该是普职融通的，在学校教育体系中起到纵向贯通上下，横向连接左右的作用。然而，一直以来我国高中采取了普通教育和职业教育的双轨分殊、"非普即职"的办学方式，极大地限制了学生的自主发展、全面发展和可持续发展，不适应经济社会发展的要求。有鉴于此，《国家中长期教育改革发展规划纲要(2010—2020 年)》提出："探索综合高中发展模式，采取多种方式，为在校生和未升学毕业生提供职业教育。"

日本综合高中得到了中央和地方强有力的政策支持和制度保障，形成了综合高中改革的长效保障机制；立足于学生的未来需求，设定了多样化的培养目标，力求为学生的升学深造、就业等可持续性发展提供全方位服务；加大了课程选择的广泛性，并为多样化课程的实施扩充了师资储备，加强了教师培训和培养；全面推行了学分制、校际互认学分制和灵活的学籍管理制度。管窥日本综合高中发展之动态，了解其发展模式的成功之处与存在的问题，从中汲取有价值的启示和借鉴之处，是对丰富与发展我国关于综合高中发展模式理论研究和实践探索的一次有益尝试。

---

①Long Homeroom 的缩写，指以导师为中心的、在实施综合学习时间的特定教室进行的学生生活指导活动。

②木更津総合高等学校.学校の特色[EB/OL].http://www.kimigaku.ed.jp/sohgoh/intro/character.html/2014-05-10.

一、提供强有力的政策保障

综合高中改革机制的形成必须有国家中等教育政策作为保障。综合高中是对传统教育模式的优化改造,改造的手段是以校内办学方向分轨代替校间办学制度分轨。无论在普通高中引入职业教育因素,还是在职业教学中加强普通文化知识的教育,与传统办学模式都有较大区别,都需要中央和地方政策支持和资金保障。只有中央和地方联动的政策支持,在中等教育内外部进行资源调配和关系沟通,才能真正形成综合高中改革机制。

二、设定多样化的培养目标

传统意义上,中职学校的教育被定位为"终结教育",培养目标是根据社会经济发展的需要,按照企业所需工人的标准对学生进行培养。事实证明,这种单一的培养目标已经无法满足社会的发展需要,也无法满足学生持续的多样化的发展需要。因此,中等职业学校对培养目标应当做出调整,从学生的需要出发,为学生的继续升学或者就业等多种需求提供服务,为他们日后的持续发展提供一种基础性的教育。

三、加大课程选择的广泛性

科南特认为能够"提供广泛的课程是综合高中的最大特点"。为此,我国应该做到:一是在广泛性课程设置上应有前瞻性,不仅能够最大限度地反映学生的能力、兴趣,还能够反映当前世界经济一体化快速发展背景下对各类人才的不同需求;二是在教材开发上能与多元课程标准相匹配。综合高中办学的先决条件就是能够提供给学生的是开放的、弹性的多种课程计划和匹配教材;三是要为多样化课程的实施做好师资准备,只有教师储备、教师培训和培养做到位才能保证课程的顺利实施。

四、推行灵活的学分制

综合高中可以尝试采用完全学分制的管理方法。完全学分制是一种弹性的学习制度,是对学年学分制的发展和提升,其核心在于分层教学和考核评价制度的改革。目前,我国许多中职学校开展的是学年学分制,这并没有从根本上实现真正意义上的弹性制度。有条件的学校可以逐步向完全学分制过渡,使得学生不再被动地接受学校和教师所规定的课程,而是根据自身的实际需要以及特长、兴趣主动选课,适应社会发展和经济建设对新型人才提出的新要求。

出路指导：日本高中职业生涯教育

> 我偏重中学的缘故，因为中学关系颇大，一方面预备升入大学，一方面预备就业。大学好不好，视中学毕业生如何。中学毕业生不一定都能升学，所以还要使他们有从事职业的能力，以便将来自谋生计。
>
> ——【美】保罗·孟禄

引言

从世界基础教育发展的趋势看，基础教育除了要使学生学会读、写、算和日常生活所需要的技能之外，还要培养学生学会解决问题和学会实践，增强寻求就业机会的能力和公民意识。在普通高中新课程改革日益深化的背景下，将职业生涯教育以"校本课程"的形式引入普通高中，对学生进行职业生涯辅导，有利于扭转长期以来的"普职分离"现象，改变在校学生由于缺乏完善的职业生涯教育，在专业选择或毕业就业上无所适从的窘境。因此，在普通高中阶段实施职业生涯教育，是普通高中发展的内在要求和必然选择。

在我国 2006 年实施的新课改中，《普通高中课程方案（实验）》明确强调，将具有独立生活的能力、职业意识、创业精神和人生规划能力作为普通高中教育的培养目标之一。这标志着我国普通高中在快速发展和规模化发展的同时，也正经历着价值转变，进入到一个提高质量、提升内涵的整体转型与创新发展时期。但是，在现阶段，我国普通高中职业生涯教育的发展还不能满足普通高中发展的需要，主要表现在原有课程体系中职业生涯规划教育内容的缺失，以及已有的职业指导已不能适应普通高中发展的新形势等方面。因此，深化职业生涯规划教育在高中教育阶段的具体内涵和要求，弥补原有职业指导的不足，提高职业生涯规划教育的针对性和实效性势在必行。日本高中实施职业生涯教育已有 80 余年的历史，研究日本高中的出路指导可以为我国高中的职业生涯教育提供有益的借鉴和启示。

理论阐述

　　日本早在第二次世界大战前的 1927 年就在小学和中学阶段进行了职业指导活动。1957 年中央教育审议会的《关于科学技术教育振兴方策》的报告中首次使用"出路指导"(日文是"進路指導")取代"职业指导"。此后,"出路指导"这一教育名词在日本的学校教育中被广泛使用。日本有关"职业生涯教育"的概念来自于美国,英文为"Career Education"。"职业生涯教育"最初是 1970 年由美国联邦卫生教育福利部教育总署长詹姆斯·艾伦提出的,后来成为由其继任者西德尼·马兰推行的教育改革运动。1983 年日本文部省发布的《初、高中学校出路指导手册——高中课外活动编》中指出:"学校中的出路指导是从个人生涯教育的角度出发进行的。"此后,职业生涯教育渐渐融入日本的出路指导中。

　　近年来,伴随着日本产业经济结构的变化和雇用形式的多样化及流动化,围绕学生就业、升学的环境发生了巨大的变化。另外,高中生劳动观、职业观的淡薄,缺乏作为社会人、职业人的自信,以及高中在校生逃学、中途退学现象的出现和毕业生过高的离职率,要求学校教育在高中时期必须重视对学生进行恰当的出路指导,重视培养学生的生存能力,使学生学会灵活应对激烈社会竞争中的各种困难,帮助他们树立今后作为社会人、职业人的自信心。有鉴于此,日本文部省于 2004 年针对初等、中等学校的职业生涯教育发表了《关于推进职业生涯教育的综合调查研究协作者会议报告书》,2004 年因此被称为日本的"职业生涯教育元年"。报告书中指出,"职业生涯教育是帮助每个学生的生涯发展,培养为适合各自生涯发展所需要的意志、态度、能力的教育,培养每个学生具备劳动观、职业观的教育",换言之,"职业生涯教育就是培养每个学生劳动观、职业观的教育"。报告书还强调了"要通过各个阶段的学校教育有组织地、有系统地推进职业生涯教育"。同时,日本立足于这一报告书又实施了"新职业生涯教育计划的推进事业""职业生涯教育实践计划"等。另外,从 2003 年由日本文部科学大臣、经济产业大臣、厚生劳动大臣和经济财政政策担当大臣商谈的关于综合性人才选拔的"青年人的自立、挑战计划",到 2006 年内阁官房长官、农林水产大臣也加入进来的"'青年人的自立、挑战活动计划'的强化(修订)",目的在于唤起青年人劳动的意识,培养他们在社会生活中的自立能力,帮助青年人走出困境。日本职业生涯教育的特点是:注重培养学生主动选择人生道路的能力、态度;重视带领学生进行社会实践活动(体验性学习);加强学校中各学科之间的合作及学校与家庭、社会之间的合作;注重实施适应相应教育阶

段的职业生涯教育。①

近些年日本高中毕业生的出路状况呈现为高中毕业升学比率不断攀升,就业比率下降的趋势。这表现了日本高中比较重视与大学之间的校际联系,偏重于对学生的升学指导,而忽视了对学生的就业指导。因此,为了寻求高中与上级学校和社会的紧密联系,提高学校对学生就业或升学双方面的重视,高中阶段学校教育特别关注了对学生的出路指导、职业生涯教育,期望通过高中出路指导帮助学生实现未来理想。

纵观日本出路指导教育的发展轨迹可以发现,20 世纪中后期日本高中的出路指导往往陷于对升学、就业的指导状态,而对推进职业生涯教育发展进行系统指导的意识很淡薄。出路指导缺乏整体意识和关联意识,没有充分考虑到学生的内在变化,忽视了提高学生在职业生涯教育中所需要的能力和态度。2004 年至今的出路指导、职业生涯教育则重视对学生进行全面的、充分的指导。

日本高中生毕业出路呈现出多样化的特点。2011 年度日本文部科学省组织实施的全国范围内各类学校机构各项数据资料的普查《学校基本调查——基础教育》统计数据显示,2011 年 3 月日本高中(全日制课程和定时制课程)毕业生共计 1 061 564 人,其中男生 536 615 人,女生 524 949 人。日本高中毕业生的出路选择大致分为两个方向:升学和就业。其中,升入大学等高等教育机构的毕业生为 571 797 人,升学率约为 53.9%;升入专修学校(专门课程)的毕业生为 172 032 人,升学率约为 16.2%;升入专修学校(一般课程)的毕业生为 66 328 人,升学率约为 6.2%;升入公共职业能力开发机构等的毕业生为 6897 人,升学率约为 0.6%。选择就业的毕业生为 172 323 人,就业率为 16.3%;选择从事临时职业的毕业生为 14 994 人,就业率约为 1.4%。从就业的产业领域来看,制造业 68 488 人,约占就业总人数的 39.5%;批发零售业 17 435 人,约占就业总人数的 10.0%;医疗福利行业 15 269 人,约占就业总人数的 8.8%。从就业的职业类别来看,从事生产工程工作的毕业生为 68 787 人,约占就业总人数的 39.5%;其次是从事服务行业的毕业生为 31 462 人,约占就业总人数的 18.1%;从事事务工作的毕业生为 16 765 人,约占就业总人数的 9.7%;从事销售工作的毕业生为 14 952 人,约占就业总人数的 8.6%。②

日本的出路指导是实现学校教育目标及教育理念的基本教育活动之一,它与普通科、道德科、特别活动及综合时间一样,作为具体的教学科目之一,在日

---

① 杨兵.日本高中出路指导研究[D].吉林:东北师范大学,2009.
② 文部科学省.学校基本调查——基础教育[EB/OL]. http://www.mext.go.jp/

本学校教育中得到普遍开设。日本高中出路指导要求青少年在学校教育的各个阶段,通过全部教育活动探索人生道路问题,扩大对自我生存方式及职业世界的认知,寻求在毕业后的职业生涯中实现自我。要求教师运用收集学生个人信息资料、与学生进行理想及现实问题的谈话等方式,培养学生自己选择并计划人生道路的能力,重视发展学生适应未来生活(就业或升学)的能力,教师的指导是有体系的、持续的指导和帮助的过程。

日本的出路指导教育贯穿于学生发展的各个阶段,在日本的小学、初中、高中阶段均开设了出路指导室,教师对学生的出路指导是通过全部教育活动来实现的。日本高中出路指导年计划的实施率较高。在日本,大部分的高中都设有出路指导部,出路指导部包含"出路指导室""出路指导商谈室""出路信息资料室"等,配备专职的指导教师6至10人,主要承担对学生进行出路指导的任务。其中,大多数的高中拥有"出路指导商谈室",并且几乎所有高中的出路指导室中都配备了网络,其设施、设备状况较为完善。通常,担任"出路指导主任"的教师承担的授课时数为13至15个学时。出路指导教师负责收集、整理与学生就业、升学相关的资料,为学生提供咨询服务,负责学校日常的指导计划,深入了解学生各方面的状况,从而针对学生的个性制订学生的出路指导方案。

日本高中出路指导虽然具有明确的指导目标、指导内容及较完整的组织体系,但在实施的过程中也存在着一些问题。例如,在出路指导的实施过程中,出路商谈和出路指导计划的实施率较高,但是完整的指导案例和指导教材相对较少。还有,出路指导更重视充实出路商谈、出路学习及出路信息资料的收集和运用,但是较少关注出路指导教材的编订和学生、教师对出路指导的评价。此外,当前教育者的困扰还体现在看不到所期望的学生的出路指导意识、出路选择态度的改变和学校难以确保提供给学生充足的出路学习时间。因此,这一系列的问题都需要教育者在今后的出路指导过程中不断地完善。

拓展阅读

职业生涯规划是对一个人一生职业发展道路的设想和规划,是指个人和组织相结合,在对一个人职业生涯的主客观条件进行测定、分析、总结与研究的基础上,对自己的兴趣、爱好、能力、特长、经历及不足等各方面进行综合分析与权衡,结合时代特点,根据自己的职业倾向,确定最佳的职业奋斗目标,并为实现这一目标做出行之有效的安排,从而获取最大限度的事业成功。职业生涯规划起源于20世纪初叶的美国。20世纪中后期,许多发达国家从中学甚至小学起就开始培养学生的职业观念,开展形式多样的职业指导教育和职业生涯教育。进入 21 世纪,"将职业与普通课程紧密结合,使每一个学生的个性特长得到关注并保证其实现"成为世界各国普通高中课程改革的新内涵之一。将职业生涯教育与学科知识相互融合,不仅能够体现学科知识在社会生活中的应用价值,有利于"知识与技能""过程与方法""情感、态度和价值观"三维教学目标的实现,同时能培养学生的职业意识、择业能力,有助于学生顺利完成从高中到就业或到中学后教育的过渡,促使学生初步具有独立生活、人生规划的意识与能力,为今后独立的生活做好准备。

进入 21 世纪以来,日本在全国范围内自上而下由政府主导推行了职业生涯教育。政府相关部门担负组织、指导、协调的责任,并制定了一系列相关的政策、法规,推动学校与企业等社会组织共同配合实施。职业生涯教育与传统意义上的职业教育相联系但又有所区别,它与终身教育的目标相一致但又丰富了其内涵,是在各个阶段的学校教育中进行"职业生涯"观念和"职业生涯"准备的教育,是通过教育促进人生价值的实现,从而为社会提供适应时代要求的优质劳动者而进行的新探索。其要义,根据日本学者的论述可归纳为:职业生涯教育是培养学生劳动观、职业观的教育,是高度重视每个人与生俱来的创造性,发展人的个性的教育,旨在使学生具有相应的职业知识和技能的同时,培养学生了解自己,积极主动地选择人生道路的能力,它要求在从幼儿至成人的整个教育过程中都将传授知识与学生将来的工作和生存方式相结合。

日本国立教育政策研究所中小学生指导研究中心认为,中小学生的劳动观、职业观应该由四个方面构成:人际关系的形成能力(自己与他人的相互理解、交流能力);信息活用能力(对与人生道路、职业等相关信息的收集、探索能力和职业理解能力);对将来的设计能力(对生活、工作状态的认识、把握能力和对人生道路的设计、实行能力);计划与决定的能力。并强调这不是人生中某一阶段性的教育,而是贯穿于一生的职业教育。

目前,在日本,无论是小学、初中,还是高中、大学,都已认识到职业生涯教育的重要性,并根据其理念付诸实践。日本的小学教学大纲强调通过学校的整体教育活动对小学生进行生活方式的指导,培养他们的劳动观和职业观,形成充满希望和目标的生活态度、基本的生活习惯和身心健康安全的生活意识。初中教学大纲强调指导学生适应集体生活,提高学生的判断、选择能力,克服青年期的迷惘不安和苦恼,理解和尊重自己与他人的个性,确立良好的人际关系,理解学习的意义,以积极的态度选择未来。小学和初中的教学大纲对"特别活动"课、道德课、生活课、家庭课、社会课等内容都做出了具体规定。高中阶段要求让学生从被动的学习状态转变到自我选择、自我管理、自我负责的自主学习,培养学生在社会上自立的精神,做一名适应变革的社会合格成员,形成自己的人生观、职业观,培养他们具有职业人的基本素质和能力。按照新启用的《高中学习指导要领》,基础课程的数量被削减了两成,扩大了职业课程的选修科目,加强了生物、生命科学、制造业、通用技术类科目,对农业、工业、商业等传统职业课程进行了修改。日本文部省从 2000 年起,用 3 年时间开展了专业教师培训,还为普通高中和职业高中提供了职业教育课程所必需的设备、实习与实验经费。

实施职业生涯教育之前,日本教育各个阶段的连贯性只是在学历教育下各个阶段的知识衔接。而现在,各个阶段的教育都和学生的人生出路相联系,以职业生涯准备为线索体现出培养综合素质的递进性。学生在职业生涯的选择和决定过程中难免会有苦恼和困惑,因而学校又设专门教师进行职业生涯辅导,对学生进行个别的或是小组的引导帮助,为他们提供信息,让他们按照自己的意志负责地选择或决定自己未来的人生蓝图。在日本,提倡人们制订职业生涯规划,即在对一个人的主客观条件进行测定、分析的基础上,确定其最佳的职业奋斗目标。把指导这种规划的制定列为职业生涯教育的重要内容,在校期间由学校来辅导,进入社会后由社会组织通过再培训来促进。

职业生涯教育方针下的出路指导教育主要从"出路发展或者与出路决定相关的指导"和"以集体或个人为对象的指导"两个方面开展。目前,日本高中的出路指导不同于初中,其将指导的重点放在"出路决定指导"方面,着重关注与个人选择、决定有关的就业方向指导、升学指导、就业指导等。高中在学生的出路指导方面主要采取岗位体验、就职体验两种实践活动方式,以促进他们对现实生活、工作的理解,使他们的劳动观、职业观能够及早形成。

典型案例

在日本,主要由文部科学省颁布的《学习指导要领》对相关的职业生涯教育的内容做出规定。《学习指导要领》指出,高中阶段是实际探索、尝试和进入社会的准备时期,要让学生能够更深入地认识自己和认可自己,确立作为选择标准的职业观和劳动观,设计将来的人生蓝图,并为进入社会做准备,考虑人生出路并努力实现。日本的高中在实施职业生涯教育时,在充分考虑自身实际、学生情况以及学校所在地地域特色的基础上,重点关注"特别活动"和"综合学习时间"的课程设

置。每所学校的教育活动都特色鲜明,呈现出五彩缤纷的状况。①

其中,"特别活动"包括课外活动、学生会活动、学校活动。课外活动注重开展解决年级和学校生活中的各种问题,建立年级内的各种组织并分担处理相关工作的活动,教会学生作为个人及社会成员的生活方式,帮助学生解决青年期的苦恼和问题,理解和尊重自己与他人的个性,认识到自己在社会生活中所起到的作用和自己应承担的责任,培养学生形成交际能力和确立人际关系,理解志愿者活动的意义并形成国际视野、国际理解和国际交流能力等。此外,还帮助学生充实学习生活,理解学习的意义,确立积极主动的学习态度,选择合适的学科,理解合适的人生出路并充分利用出路信息,确立理想的职业观和劳动观,积极地决定人生出路和设计将来。此外,学生会活动主要开展能够充实、改善、提高学生学习生活的活动及志愿者活动。而学校活动则开展有助于职业观的形成和决定出路选择的体验活动、志愿者活动等。

"综合学习时间"注重教会学生掌握学习方法和思维方式,培养学生积极地、创造性地解决问题、开展探求活动的态度,让他们思考自己的未来;让学生进行与自己的兴趣、出路相关课题的学习,以使这方面的知识得以深化;对自己的未来生活方式和人生出路进行研究、探讨和学习;通过参观、调查、讨论、生产活动等实践活动进行学习。

除了特别活动和综合学习时间之外,高中阶段的职业生涯教育内容还包括:与职业相关的各学科的实习和"产业社会和人"等科目的学习;引导学生适应集体生活,加强与科目和出路选择相关的指导。

"产业社会和人"是按照《高中学习指导要领》中规定的学校设定科目的相关内容设置的。学校希望通过这门课程的开设使学生参与到就业体验活动中和企业参观学习的活动中,与社会及地方上的相关人员展开对话,进行调查研究并发表、讨论其结果。学校认为,通过这些活动的开展,学生可以切身体会到产业社会的实际情况,同时也可以去积极地思考、探寻自己未来的生活道路和将来可能从事的职业,进而明白自己到底为何而学,以及应该为此选择哪些合适的科目。调查显示,通过这一科目的学习,学生的学习态度、学习目的都比以前明确、端正了许多。而特别需要指出的是,学生的出路意识较以往得到了极大的提高。

另外,日本高中各年级的学生在普通学科的学习中还根据个人自身的出路愿望组成了不同的小组。这种小组所开展的活动不同于平时的课外活动,而是

①谷峪,崔玉洁.日本高中阶段的职业生涯教育[J].外国教育研究,2010,(12):14-19.

利用综合学习时间,由学生们收集、探寻与出路相关的信息,包括调查研究大学的学院、学科设置和研究方向等。这些活动的开展,实际上也极大地提高了学生的学习欲望。

反思与启示

我国普通高中的课程主要围绕学生升学而设置,学校、家长都以学生考入理想的大学为最终目标,高中教师较少从学生的能力、个性出发正确地指导学生选择就业或升学。日本的出路指导是教师通过各个学科的教育发现学生的特性、适应性,从社会实践活动中挖掘学生的内在潜能,促进他们的人生价值在就业或升学的出路中得以实现。日本这种不单纯重视升学率,主要为社会提供有价值人才的理念对于我国普通高中发展素质教育和推动职业生涯教育提供了有益的启示。我国高中教育应该摒弃以升学为主要目的的传统教育思想,切实提升学生素质,从就业和升学两方面入手帮助学生选择适合自己的人生道路。

一、解放思想,重新理解职业生涯教育的内涵

我国早在 20 世纪 80 年代就已经对发端于美国的职业生涯教育(我国译为"生计教育")有所关注。但是,受当时社会经济发展水平所限,对职业生涯教育的概念缺乏正确的认知,将"终身教育""职业教育""职业指导""生涯辅导"等概念与"职业生涯教育"的概念混为一谈,这是我国中小学职业生涯教育缺失的重要缘由。因此,在进入 21 世纪的今天,当关注社会成员的职业生涯成为社会可持续发展的动力时,我们就更需要去解放思想,大胆借鉴美国的经验,同时学习日本在构建终身学习社会的过程中开展职业生涯教育的计划、政策和措施。

二、构建职业生涯教育体系,扩展职业生涯教育的层次

职业生涯教育的特征在于它是全民的教育,它贯穿于从义务教育阶段开始延伸至高等教育及继续教育的整个过程。从日本开展职业生涯教育的情况来看,其拥有较完备的职业生涯教育体系,在中小学开设有专门的职业生涯教育课程。但是,当前我国职业生涯教育的现状不容乐观,实践经验较为欠缺。中小学职业生涯教育基本缺失,大学的职业生涯教育仅停留在"就业指导"层面,这就是当前我国职业生涯教育的基本现状。一个完整的教育体系意味着高水平的教育程度和教育能力。因此,我们要结合我国的具体情况,有计划、分步骤地构建职业生涯

教育体系,扩展教育层次,不只是在学生快毕业时抓一抓,而是从小学到初中到高中都要根据学生的年龄特点,结合其认知能力,逐步提高学生对职业、对社会生活的认知水平。

三、将开展职业生涯教育与构建终身学习社会相结合

终身学习社会是现代文明社会的发展目标,也可以说是为适应激烈的社会竞争的需要而提出的一种生活方式。对高中生进行职业生涯教育是在人的一生中进行职业生涯教育的最佳时机。在这一时期对高中生进行职业生涯教育,正好满足了他们兴趣爱好定型和进行职业探索的需要,有利于帮助他们思考未来的自己并对自己的未来进行科学规划和设计。日本在构建终身学习社会中处于世界领先水平,提倡职业生涯教育的理念,是对构建终身学习社会的推动,也是对终身学习理念的深化和完善。

四、在开展职业生涯教育的同时要充分整合社会资源

教育的发展水平与教育民主化的程度是与全社会对教育的关注、参与程度密不可分的。日本在制定教育政策、整合教育资源等问题上,能充分考虑让更多的企事业单位和社会人参与进来,调动并发挥所能够调动的一切社会力量,为教育活动的实施提供支援与协作,并取得了很好的效果。

职业生涯教育是全面推进素质教育的一项重要任务,对于提高人力资源开发质量、建设人力资源强国具有举足轻重的作用。教育部教育发展研究中心职业生涯教育项目组于 2006 年 3 月 23 日组织召开了"职业生涯教育理论与实践研究座谈会",这次会议极大地推动了我国职业生涯教育的理论与实践研究。

日本的"高大合作"

教育是一项系统工程。

——江泽民

引言

按照教育目的、教育内容等的不同对学校进行层次分级是现代教育制度的一个重要特点。这种分级对学校教育的发展与进步产生了巨大的影响。然而，随着现代化进程的加速发展，这种分级的弊端也逐渐凸显出来，例如，由于各级学校之间事无巨细的分工导致彼此之间的隔阂越来越大，相互之间的交流与联系也越来越少，甚至在大学与其附属中小学之间也是如此。大学与中小学之间这种"老死不相往来"的现象，不仅对教育的连续性造成很大的破坏，而且也影响了大学与中小学的健康发展以及学生身心的健康发展。因为教育本身是一个系统性的工程，需要系统化的设计与实践，所以加强大学与中小学之间的合作与联系显得尤为必要。日本在这方面的一个重要尝试就是在高中和大学之间通过利用合作双方或者多方的教育资源开展一系列教育活动，在日本通常称为"高大合作"（日语为「高大连携」）。

日本的教育制度虽与中国有着一些差异，但不可否认它们之间也存在着一些共性。另外，教育本身也有自身的规律性。因此，研究日本如何解决高中与大学的衔接问题，总结日本所实施的"高大合作"的一些经验，势必会对我国大学与中小学之间联系的加强有所裨益。

理论阐述

"高大合作"在日本比较普遍，已有十多年的历史。"高大合作"这一名词正式走上历史舞台始于1999年。同年12月，日本中央教育审议会向日本政府提交了一份题为《关于初等教育、中等教育与高等教育衔接的改善》的咨询报告，报告倡议高中与大学加强合作,促进高中与大学间的相互理解,做好高中、大学、学生三方面的信息沟通,大学应尽可能多地为考生提供短暂修习大学课程的机会等。这些活动既实现了补充高中课程内容、提高学生学习兴趣以及帮助学生进行职业生涯规划等效果,也为保证大学生源、增强大学的社会使命感提供了途径。文部省随后正式将"高大合作"作为日本的一项基本教育政策。

自2000年开始,"高大合作"在高中与大学间蓬勃展开。2004年,日本学者对"高大合作"的现状和发展方向进行了广泛的讨论,"高大合作"活动从学生生涯规划课程的一环逐渐发展成为以高中与大学双方目的为根本的、相对独立的教育手段。2008年12月,中央教育审议会颁布了《面向学士课程的结构》的咨询报告,进一步明确了高中与大学衔接问题的内涵,强调"高大合作"不应仅局限于大学入学选拔,而是应该同时注重促进高中与大学衔接的教育内容与方法等。

2010年11月,文部科学省发表了题为《关于高中教育改革的推进状况》的报告,报告中对目前日本高中教育的主要改革形式进行了总结。在详细论述"高大合作"的章节内,报告主要分四种类型进行了数据统计与分析,这四种形式分别是:

(1)高中与大学等的联协会的设置情况。高中与大学和社区间的联协会是"高大合作"的主要组成机构,它虽然不是"高大合作"计划的具体活动形式,但它是在"高大合作"中作用最为积极的民间组织机构。联协会的存在使"高大合作"可以优化整个区域内的教育资源,调动多所学校的能力,以完成"高大合作"的目标,避免学校间单独联合而造成的资源浪费。除此之外,联协会还会定期举行研讨会、学习班等形式的活动,丰富教师对于"高大合作"的理解,提升其教学和管理能力。① 无论是对于高中还是大学,"高大合作"都已经成为日常教学活动中的一个重要环节,各高中所拥有的不同合作形式也成为其自身的特色与名片。

(2)修习、旁听大学课程及讲座等制度的利用情况。此种形式的"高大合作"计划,在活动的外在表现上与大学课程学分认定有一定的相似性,即二者均是通过修习大学课程来实现"高大合作"的目的,但是二者在各自的结果表现上仍有一定的不同之处。对于公立高中的学生来说,其主要参加的并不是大学课程的研修,而是此项活动所包含的公开讲座、体验入学以及校园开放等活动,以此来完成对大学的认识和自身升学等问题的抉择。相反,对于私立高中的学生来说,他们主要参加的是大学课程的修习,目的是提前完成大学课程中的一

① 吉田武大,清水一彦.高大連携に関する調査研究:連絡協議会の設置と運用[J].教育制度研究紀要,2004,(5).

部分,待升入大学后节省精力。在实际操作中,公开讲座的执行能够做到以高中生为对象,进行特别的设计和策划,以达到"高大合作"的目的。

（3）大学教师在高中内进行的学校宣传与演讲。因为实施起来比较简单,该形式受到众多学校的欢迎。虽然这种做法简单易行,但是在不同的学校,演讲的内容也是千差万别的。

（4）大学内修习课程的学分认定制度的利用状况。大学课程的学分认定,是指从鼓励学生参加丰富多彩的校外活动的目的出发,允许学生进入大学课堂,并视作完成了高中课程的学习,同时给予学生相应的学分。此规定不仅在大学内可以认定学分,同时也可以在高等专门学校、职业学校、社会教育机构、志愿者活动等其他形式中进行学分的换算。这样的学分认定体系无论对高中生还是对大学来讲无疑都是有利的。第一,学生在选择大学课程修习的过程中,亲身体验了大学的授课方式、学习方法、生活状态等,有利于学生对自己的未来做出正确的规划。第二,学生学习一定的科目后将会对所学科目有一定的认识,有助于学生升入大学后选择学习方向和日后的职业。第三,对于大学来讲,在这些课程中将一些学科的基础性知识在高中阶段灌输给学生,无疑将提高学生的基础学力,对于几年后的大学生活将是一个良好的促进。①

经过十多年的发展,日本的"高大合作"已经取得了积极的成果。同时,随着合作内容的深化及合作环境的日趋完善,一个崭新的,并表现出双方向化、多样化、深层次化等特点的"高大合作"正在如火如荼地进行中。

高中和大学有着不同的教育目标,而且二者的课程结构、教学方式、教学组织形式、教学评价等有着众多的差异,所以人们不禁要问:高中和大学有必要合作吗?高中和大学可能合作吗?这些问题首先就涉及的是,合作是为了什么。

"高大合作"的实施是高中和大学双方的合作过程,是双方为了各自的目标而整合资源进行的教育活动。从高中的角度看,"高大合作"的目标主要在于:①使高中学生通过访问大学、旁听课程等途径,获得一个近距离接触大学的机会,可以更好地理解大学和学问的意义,及早形成相对成熟的人生规划;②使高中学生通过与大学生的交流进一步提高自身的社会化水平,逐渐形成自主地判断问题的能力;③满足高中教师对科学研究新成果的关注,提高自身的教学、管理能力;④高中教师通过与大学教师的沟通,可以进一步改进教学技术和教学方法。

从大学的角度看,"高大合作"的目标主要在于:①大学教师通过在高中的授课和宣讲,更好地了解高中生的学习状态和知识掌握的程度,为大学入学选

---

① 姚舜.日本高中与大学衔接途径研究[D].吉林:东北师范大学,2012.19.

拔制度的改革做准备；②全方面地展示大学的优势，确保充足的生源；③通过高中教师与大学教师的同心协力，对大学生基础学力不足的问题进行补救。

拓展阅读

　　日本"高大合作"的主要合作表现形式包括：(1)大学课程的学分认定。指允许学生加入到大学的课堂中去，并视作完成了高中某些课程的学习，同时给予学生相应的学分；(2)学习大学课程和参加公开讲座等。该形式在活动的外在表现上与(1)有一定的相似性，即二者均是通过学习大学课程来实现"高大合作"的目的，但二者在结果表现上却不尽相同。例如，公立高中的学生主要参加的是大学的公开讲座、体验入学及校园开放等活动，以此来完成对大学的认识和自身升学等问题的抉择。而私立高中的学生主要参加的却是大学课程的学习，目的是提前完成大学课程学习中的一部分，待升入大学后节省精力；(3)大学教师在高中进行的宣讲。此种形式因为实施简单，被众多的学校所欢迎；(4)高中与大学等的联络协议会。联协会的存在使得高中和大学可以整合整个区域内的教育资源，调动多所学校的能力以完成"高大合作"的目标，避免学校间单独联合而造成的资源浪费。以上介绍的四点只是"高大合作"的主要表现形式，除此之外，大学生学力加强课程也是"高大合作"的重要组成部分。

　　根据合作协议签订的类型，日本的"高大合作"可分为三种组织形式：第一种是校际合作，即由单所大学与单所高中直接签订协议所进行的合作；第二种是区校合作，即由都、道、府、县的教育委员会与大学签订合作协议；第三种是区域合作，即一个地区性的大学组织与该地区的教育委员会签订协议。具体而言：

　　校际合作是日本"高大合作"最普遍的一种类型，这种合作形式相对比较灵活，高中和大学可以根据自身的需要开展多样化的合作。这种合作有的发生在高中与大学的一个或几个学部之间，有的发生在高中与一所大学或若干所大学之间。例如，2001年，千叶县立幕张综合高中与千叶大学、千叶工业大学、神田外国语大学、中央大学四校签订了合作协议，2002年又与东洋大学、法政大学签订了合作协议。

　　区校合作相比校际合作范围更广，通常发生在多所高中与一所或多所大学之间。由于这种合作是由官方主导的，所以在组织形式上相对不是很灵活，受到的限制也比较大。目前，日本几乎所有的都、道、府、县都由教育委员会出面与大学签订了这样的合作协议。

　　区域合作的官方性质更加明显，范围也更大。这种合作在组织上相对更加系统化,在管理上相对更加科学化,所以效率相对也比较高。另外,由于参与者多,所以其受惠学生也比较多。

日本的"高大合作"大体包括如下两种具体实施方案:一是高中生到合作大学修习大学课程及讲座;二是合作大学的教师到高中进行的以宣传学校、授课等为目的的演讲。其中,第一种是日本"高大合作"中最普遍的一种举措。通常情况下,合作大学会提供若干门大学课程及讲座,合作高中的学生可以免费去听。为方便高中生听课,很多合作大学都把这些课程安排在下午四点半以后,有一些还利用晚上以及周末进行集中授课或开设讲座。另外,大学教师也会到合作高中内进行以宣传学校、授课等为目的的演讲。关于合作大学的教师到高中进行宣讲的内容大致可以分为以下几类:

第一类是宣讲会式。大学教师的讲解内容非常分散,既可以在宣讲会议上进行大学课程的讲授,也可以对学生进行出路指导。

第二类是授课式。这种形式近似于模拟授课和体验教学等,教师以大学的课程体验为中心进行演讲,主要目的是让学生体会大学课程的教学形式和学习方法。

第三类是大学说明会式。教师以宣传其所属大学为目的,演讲的主要内容集中于其所属大学的教育内容、校园生活和入学考试等相关问题。其目的是为学生入读大学提供必要的信息,使得学生明白大学与高中的区别,从而更好地做好过渡准备。

实施"高大合作"的意义在于以下几点:

第一,"高大合作"补充了高中的日常教育活动,课程的实施也更多样化。通过"高大合作"计划的导入,高中可以填补从前教育方法上的漏洞和不足,用较为先进和专业的方法指导学生学习。同时,高中教师无法帮助学生解决的深层次问题也有了求助的途径。

第二,"高大合作"可以提高学生的学习兴趣和热情,同时对规划学生的职业生涯也可以起到辅助作用。

第三,"高大合作"可以使大学收获更优质的生源,扩大招生的选择范围,同时又不降低选拔学生的标准,保证了大学入学者具备大学学习的基础学力。

第四,通过"高大合作"计划,更可以让高中与大学发现自身的不足,以待日后在教学和管理过程中改进。同时,"高大合作"计划也在一定程度上促进了学校与社区间的联系,有助于学校在社会发展中更好地发挥积极作用。[①]

---

① 姚舜.日本高大连携计划的实施与评介[J].长白学刊,2012,(2):150-152.

典型案例

"高大合作"计划自 2000 年实施以来,取得了蓬勃发展。据日本文部科学省调查,2001 年,承认学生在大学和专修学校听课修得的学分的高中有 117 所,比上年增长了 1.4 倍。2001 年,千叶县立幕张综合高中与千叶大学、千叶工业大学、神田外国语大学、中央大学四所大学签订了合作协议。2002 年它又与东洋大学、法政大学签订了合作协议。幕张综合高中的学生可以和这些大学的学生一起学习,并可以利用大学图书馆,而且在大学所修学分也获得高中承认。这种单所高中与单所大学分别签订合作协议的"高大合作"类型在日本最为普遍。

2002 年,群马县 5 所高中与群马大学合作,为此群马县教育委员会和群马大学签订了合作协议。目前除埼玉、神奈川和广岛三县,日本所有的都道府县都由教育委员会出面分别与各所大学签订了类似的"高大合作"协议。这是第二种"高大合作"类型。

第三种类型的"高大合作"是由一个地区性的大学组织与该地区的教育委员会签订合作协议。例如,由京都地区所有国立、公立、私立大学加盟的"京都大学联盟",和该地区的教育委员会签订了合作协议,由"京都大学联盟"出面组织"学习论坛",派出大学法律、经济、社会、文学等各科教师为高中生开设课程。①

从 2002 年 4 月开始,广岛县的 17 所大学及短期大学为高中学生提供了85 个正规科目和 15 个开放讲座,预计有 152 所高中的学生参加。其中,大阪教育大学、大阪外国语大学等 5 所大学分别与 5 所高中结对进行合作。神户市立高中与神户大学,神户甲北高中与神户亲和女子大学、流通科学大学联手合作。像广岛县这样几乎覆盖全县的试验在日本其他都道府县还没有,其规模是全日本最大的。截至 2003 年,在广岛县以外的区域已有 11 所大学表示响应,包括亚细亚大学、中央大学、成蹊大学、国士馆大学、创价大学、和光大学、帝京大学和杏林大学等知名学府。据了解,中央大学的商学系和综合政策系,杏林大学的保健系、综合政策系和外语系都已经决定接受附近的高中生前来听课,2003 年 3 月开始报名,而其他大学也正在研究开放哪些专业课堂。高中生到大学听课是免费的,为了避免课堂学生爆满而影响教学质量等现象,有的大学把正规科目的授课时间安排在下午四点半以后;有的利用周六、周日开设讲座

---

① 张晓鹏."高大合作"在日本[J].上海教育,2005,(07B):43.

或集中讲座；有的大学的夜校向高中生开放等。①

　　这种"高大合作"，从高中方面来讲，有利于学生毕业时的升学选择及办出自己学校的特色；从大学方面来讲，一方面是为本地区发展做贡献，同时也是为自己学校招揽生源。倡导"高大合作"者认为，通过这种合作，让高中生接受大学水平的教育，能使有能力、有学习热情的学生对知识更加感兴趣，进一步激发其学习的积极性；而大学方面通过对高中生授课，则有机会把握高中生学习的实际情况，培养学生对大学的亲近感。

反思与启示

　　当前我国基础教育工作发展的重心逐渐从义务教育转向了学前教育和高中阶段教育的普及上。高中教育是义务教育和高等教育之间的重要中介环节，发挥着承上启下的作用。如何处理好高中教育与大学教育的衔接，加强高中教育与高等教育之间的"对话"，成为我国教育改革十分重要的课题。研究日本"高大合作"的经验与教训，有助于我国在发展高中阶段教育的过程中规避不必要的失误，改善高中教育在义务教育与高等教育之间的承转功能。从我国的现实状况出发，我们可以从以下几个方面来解决我国高中与大学的衔接问题。

一、改革大学招生考试制度，发挥其应有的衔接作用

　　我国高考"统一考试、单一评价、唯分是举"的模式容易导致高中教育应试化，学生无法从学习中体会知识带来的乐趣。反观日本，校园开放、入学体验等活动几乎贯穿从幼儿园到大学的各阶段教育中，学生从中可以提高自身的学习热情和主动性。为此，我国高考制度改革应该做到：从观念上树立"学生至上"的理念，增加学生选择大学的机会；积极开展"大学开放日活动"，通过组织中学生走进大学校园进行实地参观和深度体验，帮助中学生了解大学的学习生活，为日后的顺利衔接做好准备工作；将学生的高中综合评价（成绩、经历、成就等表现）纳入高考录取评价综合体系，加大其在高考录取时的权重。

二、做好学生的生涯规划指导，开展专门的衔接教育

　　目前，我国的高中教育还定位在升学的层面上，学生的视野和知识面普遍

①王大军.日本流行"高大协作"大学课堂向高中生开放[N].西藏日报,2003-02-20,(2).

比较狭窄。从"高大合作"的角度出发,如何引导学生根据自己的学力和兴趣志愿选择合适的大学继续深造是高中和大学亟待解决的课题之一。一方面,高中应注重向学生传输有关中等后教育机构的相关信息,设置升学指导课程,同时在校外开展"高大合作"活动,让学生近距离地体会大学的授课模式、校园氛围等,学生通过体验对未来出路选择形成较为正确的判断;另一方面,大学应注重对新生进行入学适应教育,这主要包括普及性的学术性课程和心理辅导课程等,帮助学生顺利实现从高中到大学的过渡。

三、构建"高大合作"组织,加强高中与大学的交流合作

目前我国的教育体制,以高考为分水岭,将大学教育和高中教育分为两个互不相关的阶段。这种教育体制的人为割裂使得教育的连续性遭到破坏,导致大学与高中之间既缺乏交流,更谈不上合作,无法实现资源共享、优势互补,造成教育资源的严重浪费。通过对日本"高大合作"联协会的研究我们不难发现,"高大合作"联协会作为联络高中与大学之间关系的合作组织,使得高中与大学更有效率地开展合作活动,双方的资源优势被充分地调动起来。一个协调双方关系的组织的存在,不仅能够让学生在"高大合作"活动中受益,同时也可以让高中教师有机会关注到科学研究的前沿,改进自身的教学技术和教学方法等,让高校科研人员从教学一线收获更鲜活的研究实例。因此,建立具有我国特色的高中与大学的合作组织,对高中和大学来讲都是有益而无害的。

统一性和多样化并存的日本大学招生考试制度

未来的高考应遵循"统一考试、多元录取"的改革方向。

——顾明远

引言

　　高等学校招生考试制度改革是高等教育规模扩大的必然趋势。在我国，"千军万马过独木桥""一考定终身"的高考招生模式积弊已久，社会各界要求推进高考招生制度改革的呼声日渐高涨。如何在公平分配社会资源和不拘一格选拔高素质人才之间达到两全，一直以来都是困扰我国政府的一大难题。教育部于 2010 年 7 月公布的《国家中长期教育改革和发展规划纲要（2010－2020年）》中，提出了招生与考试相分离、高校自主招生、学生多次选择和录取方式多元化等改革方向，并将形成分类考试、综合评价、多元录取的考试招生制度作为改革的最终目标。

　　作为指导我国教育改革发展的纲领性文件，该纲要提出的一系列改革策略能否改变我国长期僵化且广受诟病的国家统一高考制度，还有待于在今后的实践中得到检验与印证。日本大学招生考试制度的经验或许对我们有一定启示。

　　日本现行的大学招生考试制度是由全国统一学力考试——"大学入学考试中心考试"和各高校自行组织的单独考试两个阶段组成。这种"分割式"的考试制度作为紧密联系中等教育和高等教育的一个重要环节，解决了考生共性与个性、聚合思维与发散思维以及中学教学的基础性和高校选拔的专业性等矛盾，最大限度地克服了"一考定终身"的弊端。

理论阐述

一、统一性与多样性相结合的大学入学考试中心考试

日本现行全国统一考试"大学入学考试中心考试"（National Center Test，NCT，以下简称"中心考试"）的统一性体现在考试目标、命题标准、出题范围、考试形式及成绩评定等方面的统一。中心考试属于学科测验，目的侧重于考查考生的各科目基础学力。其考试科目覆盖面宽，涵盖高中阶段各学科所有必修课程，并严格遵循文部科学省制定的《高中学习指导要领》这一全国性课程标准在高中各门必修课程范围内命题。该考试不分文科、理科试卷，涉及的所有科目皆采用笔试的形式，题型为客观选择题，尽量减少阅卷人的主观性，具有鲜明的标准化考试特征。一方面，中心考试的统一性为大学招生和高中阶段的教育评价提供了一个共同的可供全国性比较的标准尺度，有助于提高大学招生考试效率，保障高中教育的质量；另一方面，国立、公立、私立大学对中心考试的同时利用，不仅为学生填报志愿提供了方便，也有利于促进社会公正和教育公平，实现城乡之间、区域之间和学校之间的均衡发展。

中心考试的多元性主要体现在各高校利用中心考试方式的多样性上。首先，大学入学考试中心赋予了各大学更多的自由选择权和自主裁量权。中心考试不设必考科目，各大学可以根据各自的实际需要和独创方式自主决定利用中心考试的学科和科目，或者考生是否必须参加该考试及考试科目。考生只需选择自己报考的大学、系部所指定的学科以及科目参加考试即可。国立、公立大学一般原则上把"参加中心考试中本校指定的教科及科目"作为考生报名时的必备资格。以 2010 年度的中心考试为例，在实施大学招生考试的 82 所国立大学（377 个学部）和 76 所公立大学（168 个学部）中，利用 5 门学科的大学、学部最多，其中国立大学 78 所 342 个学部，公立大学 33 所 58 个学部，总计 111 所大学 400 个学部，分别约占总数的 70.3％和 73.4％。① 为防止大学招生考试过程中营私舞弊事件的发生，日本政府也鼓励和倡议各高校把中心考试作为考生参加各高校自行组织的第二次单独考试的前提条件和必备资格。

中心考试的多元性还体现在同一所大学内部各学部利用中心考试的方式

---

① [日]平成 22 年度国公立大学入学者選抜の概要[EB/OL].http://www.mext.go.jp/b_menu/houdou/21/08/1286546.htm/2010-4-10.

也不尽相同。各高校利用中心考试的方式既有像东京大学全校 10 个学部统一考试科目的情况,也有类似于早稻田大学各学部利用中心考试的方式各异的例子。早稻田大学的政治经济学部、商学部以及社会科学部等学部为广泛测评考生的基础学力,综合利用中心考试的 5 学科 6 科目对考生进行考核;文化构想学部和文学部等在利用中心考试的学科和科目上具有一定幅度的灵活性,考生可自由选择自己擅长的学科和科目。①

此外,中心考试和由各高校自行组织实施的单独考试的成绩在最终录取总分中的比重,由各高校自由掌握。中心考试的这种"可选择性利用"有利于各大学根据自身特点进行各具特色的选拔,有效地控制了各大学间"一刀切"和"序列化"的倾向。

中心考试自实施以来,其影响力和使用率逐年升高。据大学入学考试中心统计,2010 年度利用中心考试的高等教育机构共有 811 所,其中国立大学 82 所、公立大学 75 所、私立大学 494 所 1404 个学部、公立短期大学 15 所 39 个学部、私立短期大学 145 所 326 个学部,考生人数 553 368 人。利用该考试的私立大学在中心考试实施之初的 1990 年只有 16 所院校的 19 个学部,而在 2010 年度的最新调查中,利用中心考试的私立学校已经增至 494 所院校的 1404 个学部。公立、私立短期大学则是自 2004 年起开始利用中心考试的,当时只有公立短期大学 9 所 25 个学部和私立短期大学 88 所 205 个学部利用该考试,2010 年度分别增至 15 所 39 个学部和 145 所 326 个学部。② 这些数据从侧面反映了日本大学招生考试制度改革的成果。

拓展阅读

"大学入学考试中心考试"是自 1990 年起,由独立行政法人大学入学考试中心(National Center for University Entrance Examinations)组织实施的"单向选拔式"全国统一学力考试,以判定大学入学志愿者对在高中阶段所学基础知识和基础内容的掌握程度为主要目的。独立行政法人大学入学考试中心是日本国立、公立大学利用的专门考试机构。它的主要任务是组织国立、公立大

①[日]早稻田大学学部入试概要[EB/OL].http://www.waseda.jp/nyusi/gakubu/index.html#02/2010-1-10.

②[日]平成 22 年度センター试験利用大学・短期大学[EB/OL].http://www.dnc.ac.jp/center_exam/22exam/riyou.html/2010-4-10.

学第一次全国统一学力考试——"大学入学考试中心考试"的全部工作,统管制定招生简章、办理考生报名手续、组织命题、举行考试、评卷以及向各大学通报考试成绩等工作。同时,还开展大学招生考试制度相关问题的调查研究,提出改革大学招生制度的建议及方案。中心考试包括公民、日语、地理历史、数学、理科、外语 6 门学科 29 种科目。为了防止考生学力低下,绝大多数国立、公立大学规定考生必须参加中心考试 5 或 6 门学科 7 种科目的考试,一般文科考日语、外语、数学 2 科目、地理历史、公民、理科 1 科目;理科考日语、外语、数学 2 科目、地理历史或公民、理科 2 科目。

二、各高校自行组织实施的富有个性化和灵活性的单独考试

由各高校自行组织实施的单独考试是大学与考生双方的"双向选择式"考试。考试所涉及的科目、内容及方式由各高校根据本校的学校定位、专业定位及市场需求自行决定,所考科目及内容多侧重于专业需求。其目的在于弥补第一次全国统考在内容、形式和方法上无法完整地评价学生的不足,根据学校、系部及专业的目的和特性等方面的需要,综合多方面的考试内容和方法,从多方面、多角度考查考生的学科专业知识水平和专业学习能力,以及对报考学校和专业的适应性。

单独考试形式多样,大致可以分为一般选拔考试和特别选拔考试两大类。其中一般选拔考试又称为"个别学力测试",主要以考试成绩为侧重点选拔学生,是目前日本国立、公立大学录取新生的主要方式。特别选拔考试一般包括招生办公室专门考试(Admissions Office Test,以下简称"AO 考试")、推荐入学、社会人特别选拔、归国子女特别选拔、理工科特长生选拔等多种选拔方式。一般情况下,在中心考试结束 10 天后,考生须向其报考的学校提交申请参加由志愿校自行组织的考试的志愿书。考生可依据中心考试的成绩自由选择参加适合自己特长及兴趣的多所大学各自组织的自主招生考试。

各高校自行组织实施的单独考试既调动了各大学办学的积极性、主动性,又强化了各大学之间的公平竞争;既考查了考生对其所选专业的适应性,又加强了各大学与高中的联系,为各大学招收到合适的学生提供了有利条件,对提高高等教育质量起到了积极的作用。

三、各具特色的大学招生制度

日本大学招生考试制度最鲜明的特征在于招生权归属于各高校。据日本

文部科学省公布的 2010 年度《学校基本调查》统计,日本共有 597 所私立大学,约占日本大学总数的 76.7%。对于那些不参加大学入学考试中心考试的私立大学来说,它们只注重自行组织实施的单独考试。因此,日本的大学招生制度中的评价方法和评价尺度是因校而异,各具特色的。日本大学的招生录取方式主要可以归类为中心考试和单独考试的组合型、AO 考试入学选拔制度、推荐入学选拔制度三大形态。

(一)中心考试和单独考试的组合型

由于文部科学省对于中心考试和各高校自行组织实施的单独考试之间的组合类型没有全国统一的硬性规定,所以虽然各高校在招生考试中普遍采取中心考试和单独考试相结合的方式,但在具体组合类型方面存在较大差异,呈现出灵活多样性的特点。中心考试和单独考试的组合类型可以细分为以下四种类型。

1.中心考试单独判定型

主要是以考生的中心考试成绩判定考生合格与否的录取方式。在国立大学的后期日程考试中不乏采取这种录取方式的院校。而私立大学和短期大学则多采取将中心考试与自行组织实施的单独考试并行的做法。例如,长野县短期大学在招生考试过程中共采取了四种录取方式,其中一般选拔 A 是只利用中心考试成绩,不再进行二次个别学力测验,其名额占招生定员的 35.8%;一般选拔 B 是主要根据该校单独选拔考试的成绩辅以考生所在中学的校长填写的高中调查书进行选拔的方式。①

2.中心考试＋二次考试型

该类型把中心考试成绩和各高校自行组织实施的单独考试成绩或考核结果一并作为高校决定考生被录取与否的依据。各高校根据以上两次考试的成绩,同时参考考生毕业学校的校长提供的学生鉴定书、身体检查表等书面审查资料,择优录取。其中,二次考试包括面试、小论文测验等。绝大多数国立和公立大学都采用这种方式。

3.中心考试倾斜计分＋二次考试型

倾斜计分方式,即根据学部、学科的特性和专门性,调整和利用中心考试的学科、科目间的积分比重。该类型多表现为只采用中心考试中一部分科目的分数,且把各教科原本的分数压缩至 25%～75%,再结合二次考试结果决定合格与否的形式。例如,东京大学把中心考试和本校单独考试各科目成绩在评定和

---

① [日]长野县短期大学[EB/OL]. http://www.nagano－kentan.ac.jp/2010-3-31.

录取学生的总分中所占比重定为 1：4。其具体做法是：中心考试成绩(总分 900 分换算为 110 分)与第二次学力考试成绩(总分 440 分)合计结果决定考生的录取与否,即中心考试成绩与第二次学力考试成绩在决定录取总成绩中所占权重为 1：4。①

4.中心考试独立利用型

只在第一阶段选拔中采用中心考试的结果,最终合格与否由第二次考试结果来定。例如前文中所提到的东京大学的做法,东京大学仅将中心考试作为入学初选的手段。

综上所述,中心考试和各大学自主实施的单独考试的有机结合,在一定程度上为实现对人才能力、素质及其特性的综合考查创造了客观条件。同时,多样化的入学标准也减轻了一次性考试竞争的压力。

(二)AO 考试入学选拔制度

AO 考试入学选拔方式是由各高校设立的专门负责招生考试的机构——"入学担当事务局"(招生办公室)组织实施,是一种不过分偏颇于学力检查,综合考核与评定考生的能力、适应性以及所持有的目标意识等的选拔方法。其目的是为了改变激烈的大学考试竞争状况,改革片面强调考试成绩和学力偏差值的大学入学选拔制度,完成高校招生从单一的智能评价向多元的整体评价的转变,实现选拔方法的多样化以及评价尺度的多元化。该选拔方式最早于 1990 年由庆应义塾大学率先纳入大学考试选拔制度中。从历年的实施情况来看,该入学选拔方式广泛应用于日本各私立大学的入学选拔活动中。

AO 考试入学选拔方式既没有固定的称谓,如在不同学校里被赋予"自我推荐入学考试""公募制推荐入学考试""自由选拔入学考试"等名称,也没有统一的操作模式。一般来讲,AO 入学考试大致可以分为选拔型、对话型和体验型三类。考试方法主要是经由详细而周密地审查考生高中活动的文件、本人填写的志愿申请书等书面资料后,对考生进行面试。其中,对话型 AO 入学考试适用于考生报名之后,大学方面通过与考生数次的面谈、面试,以及考生参与讨论等情况进行审查,重视考生的个性、愿望以及报考的动机等;体验型 AO 入学考试主要根据考生参加模拟教学、研讨会的表现及提交的作业、报告等决定录

---

① [日]平成 22 年度東京大学入学者募集要項[EB/OL]. http://www.u－tokyo.ac.jp/ stu03/pdf/bosyuu_H22.pdf/2010-4-10.

取与否。[1]

AO 考试入学选拔方式自实施之日起至今，实施的高校数量一直呈稳步增长的态势。据日本大学入学考试中心调查，2010 年采用 AO 入学方式的国立大学有 46 所 137 个学部，公立大学有 21 所 36 个学部，分别占总数的 42.4% 和 31.7%。[2] 但是，在业内对此种入学选拔方式持续看好的氛围中，出现了"不和谐音"。据日本《朝日新闻》报道，继 2009 年筑波大学和一桥大学在一部分学科专业取消了 AO 考试后，九州大学法学部也以通过 AO 考试入学选拔方式入学者较一般选拔方式入学者学力低下为由，于 2010 年废除了此类选拔方式。教育界普遍认为，考试科目的大幅度削减、知识面残缺及大学专业基础知识不足等是造成学生质量不尽如人意的原因。同时，AO 考试在面试、选拔等过程中也耗费了高校大量的时间和精力。

（三）推荐入学选拔制度

日本大学的推荐入学制度是依据 1967 年的《大学入学选拔实施要项》制定的一项大学招生制度。按照推荐入学制度的规定，高等学校在招生名额中须预留出一定数量的名额作为推荐名额，通过高中校长的推荐来进行招生录取工作。推荐入学考试方式是私立大学招生的主要形式，把调查书、推荐书[3]等资料作为录取新生的主要依据，它是一种完全或部分减免考生学力考试的招生录取方法。推荐入学制度大致可以分为以下几种方式：(1)高中直升大学的推荐入学方式。采用此类方式者多为下设附属高中的大学；(2)指定高中推荐入学方式。只有大学指定高中的毕业生才具备参加该大学入学考试的资格；(3)特殊专长推荐入学方式；(4)无须参加中心考试的推荐甄选方式；(5)须参加中心考试的推荐甄选方式。

伴随着日本文部科学省提倡的"新学力观"和"宽松教育"政策的实施和推进，推荐入学选拔方式在越来越多的大学得到了普及。在现阶段日本各大学制订的招生定员计划中，通过推荐入学选拔方式入学的招生名额在逐年增多。据日本大学入学考试中心调查，2010 年采用推荐入学方式的国立大学有 74 所

---

①胡国勇.竞争选拔与质量维持——大众化背景下日本大学入学考试的变革与现状[J].复旦教育论坛,2007,(1):68-73.

②王丽燕.日本大学招生制度改革及其发展趋势述评[J].教育科学,2008,(4):86-89.

③调查书是指考生的高中在学阶段学习成绩、参加社会活动记录、学期鉴定等信息资料；推荐书是指考生毕业高中的校长对其高中阶段情况的综合评价。在日本，通常把这两者作为学力考试的重要辅助手段加以运用。

262 个学部,公立大学 73 所 154 个学部,分别占总数的 93.0％和 76.3％。[①]

推荐入学选拔制度的实施既有助于协调高中和大学的教育目标,保障中等教育和高等教育之间顺畅衔接,也有利于各高校自主招生方案的实施和完善教育诚信体系。但是,近年来,为摆脱生源危机,抢占生源市场优势,很多私立大学大幅度削减学力考试科目,甚至有个别私立大学仅凭高中的调查书、健康检查表等材料录取新生,此举直接导致了学生学习欲望的普遍降低及竞争力的减退,难以达到以考促学的教育效果。

典型案例

由各高校自行组织实施的一般选拔考试富有个性化和灵活性的特点。下面以东京大学的一般选拔考试为例进行具体说明。

东京大学实施的一般选拔考试分两个阶段进行,采取中心考试和第二次学力考试相结合的选拔方式。在整个选拔流程中,中心考试被定位为初试,即第一阶段选拔。考生原则上必须参加东京大学规定的大学入学考试中心考试的考试科目,如果缺考一门或考试成绩未达到标准分数线的,不具备参加第二次学力考试的资格。2010 年度东京大学规定考生必考的中心考试科目为:[文科各类](6 学科 7 科目)、[理科各类](5 学科 7 科目)。[文科各类]包括日语、地理历史、公民、数学、理科、外语。其中,日语为必考,地理历史 6 科目中任选一科,公民 3 科目中任选一科,数学中的"数学Ⅰ·数学 A"为必选,其余 4 种科目中任选一科,理科 4 科目中任选一科,外语 5 科目中任选一科;[理科各类]包括日语、地理历史或公民、数学、理科、外语。除地理历史和公民合为 1 学科,9 科目中任选一科,理科 4 科目中任选二科外,其余与[文科各类]一样。

第二次学力考试采取"分离分割方式",改变以往入学考试实施时间单一化的方式,将入学考试划分为前期日程考试(2010 年 2 月 25 至 26 日)和后期日程考试(2010 年 3 月 13 日)。参加前期日程考试的考生可以自由选择报考文科 1 类、文科 2 类、文科 3 类、理科 1 类、理科 2 类、理科 3 类中任何 1 科类;参加后期日程考试的考生则没有自由选择的余地,只能参加全部科类(除理科 3 类外)的综合科目考试。其中,前期日程考试以学科考试为主,后期日程考试则以小论文或论述考试居多。例如,2010 年度东京大学文科各类的前期日程考

①[日]平成 22 年度国公立大学入学者選抜の概要[EB/OL]. http://www.mext.go.jp/b_menu/houdou/21/08/1286546.htm/2010-4-10.

试科目为日语、数学、地理历史、外语;理科各类的考试科目为日语、数学、理科、外语。后期日程考试考综合科目Ⅰ(考查英语阅读理解与写作能力)、综合科目Ⅱ(考查数学综合应用能力)、综合科目Ⅲ(文化、社会、科学等方面的小论文考试)。这种考试方式意味着达到东京大学规定的中心考试成绩合格线的考生可以有两次报考同一所大学、学部(学科)的机会。由于第二次学力考试的时间因校而异,这项举措从某种意义上增加了考生参加不同院校招生考试的可能性,同时也给予在入学考试中一度失败的考生"败者复活"的机会。此外,由于前期日程考试的录取名单安排在后期日程考试实施之前公布,所以考生一般将第一志愿大学、学部(学科)安排在前期日程考试,大学方面也将绝大多数招生录取名额投放在前期日程考试上。仍以东京大学为例,2010年度东京大学招生录取人数为3061人,而前期日程考试的计划招录人数为2961人,占总录取人数的96.7%。[①]

反思与启示

日本现行的大学招生考试制度适应了高等教育大众化选拔人才的需要,通过选拔方式的多样化和评价标准的多元化,实现了灵活的、富有弹性的招生制度。复合型考试模式既重视了考生高中阶段的学习成绩,又全面衡量了考生的综合学习能力,对于纠正偏重学历的社会风气,减缓考试竞争带来的各种压力,营造轻松宽裕的教育环境,并从中培养学生面向未来的生存能力起到了一定的作用。这些经验都是值得我国在高考改革中参考和借鉴的。

一、深化考试内容和形式改革,保证高考的科学性、导向性和规范性

高考的考试内容与评价方式直接关系到高中阶段的教学与学生的知识结构。但是,当前我国高考考试内容与形式的单一性制约了素质教育的全面实施。同时,考试技术的不够完善也制约了高考的公平性和准确性。为了提高命题质量,实现对学生能力的考查,保障高考的公平性和准确性,我国应:成立国家考试指导委员会,推进高考的标准化;对考试内容进行改革,实现从知识衡量向能力考查的转变;与新课程改革密切衔接,优化考试大纲;推进考试技术在考试内容与评价方式改革中的应用。

①[日]平成22年度東京大学入学者募集要項[EB/OL]. http://www.u-tokyo.ac.jp/stu03/pdf/bosyuu_H22.pdf/2010-4-10.

二、克服"一考定终身"的弊端,形成多次选择、分类考试的多样化考试制度

鉴于我国高考的考试形式存在"一考定终身"与考试选拔功能单一两个问题,《国家中长期教育改革和发展规划纲要》(2010—2020年)中专门提出了对高等学校入学考试改革的方案,"以高等学校人才选拔要求和国家课程标准为依据","探索有的科目一年多次考试的办法,探索实行社会化考试",并且提出"逐步实施高等学校分类入学考试"。这对于原有的高考制度来说,无疑将是巨大的变革。

三、完善高考招生录取办法,建立健全有利于专门人才、创新人才选拔的多元录取机制

从招生的角度来说,我国社会各界对高考的批评主要集中在高考的选拔标准过于单一、各省份入学竞争机会不平等、高考加分政策缺乏透明度以及自主招生缺乏有效的监督机制等方面。多元招生机制不光是要体现在招生方式上,招生指标的多元化也是重要方面。《国家中长期教育改革和发展规划纲要》(2010—2020年)中指出,除了高考成绩外,还应当逐步加入"学业水平考试和综合素质评价"等相关指标。此外,在高考的基础上,还应当逐步加大自主招生的比例,实现招生方式多元化。

参考文献

(一)中文文献

[1]顾明远,梁忠义.世界教育大系——日本教育[M].长春:吉林教育出版社,2000.285-286

[2]杨兵.日本高中出路指导研究[D].吉林:东北师范大学,2009.

[3]姚舜.日本高中与大学衔接途径研究[D].吉林:东北师范大学,2012.19.

[4]张德伟.日本普通高中新课程改革研究[J].全球教育展望,2002,(3).

[5]谷峪,崔玉洁.日本高中阶段的职业生涯教育[J].外国教育研究,2010,(12):14-19.

[6]姚舜.日本高大连携计划的实施与评介[J].长白学刊,2012,(2).

[7]张晓鹏."高大合作"在日本[J].上海教育,2005,(07B).

[8]魏春燕.综合学科——日本高中教育的第三学科[J].外国教育研究,1996,(4).

[9]王向红,康长运.日本教科书制度的现状、问题与发展趋势[J].外国教育研究,2010,(2).

[10]张光华,曾主陶.日本教材出版与发行——日本义务教育教科书考察记[J].出版广角,2001,(6).

[11]刘琪.日本义务教育教科书选用制度和2002年度初中历史教科书的选用战[J].全球教育展望,2002,(10).

[12]杨妍梅.日本教科书制度及其启示[J].教育科学,2003,(2).

[13]彭新实.日本的教师培训和教师定期流动[J].外国教育研究,2000,(10):49-52.

[14]汪丞.日本中小学教师"定期流动"保障机制研究[J].外国中小学教育,2012,(9):35-40.

[15]黄郑,夏金星.日本教师培养制度对我国职教师资培养的启示[J].科教文汇,2009,(4).

[16]马蕾.日本教师资格制度的历史沿革及其特点[J].外国中小学教育,2009,(11):46-51.

[17]陈芳.日本高中教师"转勤"制度的利弊分析[J].和田师范专科学校学报,2009,(59):48-49.

[18]李协京.从基础教育课程改革看日本注重发展个性的教育[J].比较教育研究,2002,(S1):234.

[19]王淑杰.日本开放式个性化教育改革及其启示[J].肇庆学院学报,2011,(7):71.

[20]张德伟,展素贤.从培养"丰富的心灵"到培养"丰富的人性"再到培养"人性丰富的日本人"——20世纪80年代以来日本德育方针的演变[J].外国教育研究,2001,(4).

[21]付兵儿.日本"心的教育"及其启示[J].厦门教育学院学报,2003,(9):71.

[22]朱文学.日本学校的乡土德育及其实施与推进[J].外国中小学教育,2011,(8).

[23]张德伟,徐晓猛.论日本综合性学习中的"综合"[J].外国教育研究,2003,(4).

[24]黄伟.课程创新与历险:喧闹之后再沉思——我国"综合实践活动"与日本"综合学习时间"之比较[J].比较教育研究,2005,(7).

[25]滕雪丽,殷世东.日本中小学综合学习时间改革的动向与启示[J].外国中小学教育,2010,(10).

[26]胡国勇.在探索与争议中前行　解读日本中小学的综合学习[J].上海教育,2009,(04B).

[27]相红英.日本的"综合实践活动"特色[J].网络科技时代,2007,(19):84.

[28]张德伟.日本小学班级崩溃问题的诱因与解决对策探析[J].比较教育研究,2001,(11).

[29]佐藤学著,钟启泉译.社会的变化与教育改革的失败——逃避"学习"的日本儿童们(之五)[J].上海教育,2001,(16).

[30]佐藤学著,钟启泉译.渲染的危机与忽略的实态——逃避"学习"的日本儿童们(之一)[J].上海教育,2001,(12).

[31]张家智.韩国小学"班级崩溃"现象及原因分析[J].外国中小学教育,2007,(3).

[32]莫国秀.浅谈农村教育中准"班级崩溃"的问题[J].广西教育,2003,(10).

[33]张杰.浅谈日本的校园欺凌问题[J].中国电力教育,2008,(12).

[34]杨如安.日本第七次中学课程改革及其启示[J].课程·教材·教法,2012,(2).

[35]钟启泉.新《学习指导要领》的理念与课题——日本教育学者梶田叡一

教授访谈[J].全球教育展望,2008,(8).

[36]顾渊彦,葛军.日中高中课程标准比较[J].外国教育资料,1994,(6).

[37]齐树同.日本高中的综合学科述评[J].日本问题研究,2003,(1).

[38]刘琪.日本高中学分制的变迁和多样化的学分制高中[J].全球教育展望,2003(2).

[39]何晓雷.《高中学费免费化法案》述评——日本的经验及其思考[J].教育发展研究,2010,(18):80-83.

[40]胡国勇.竞争选拔与质量维持——大众化背景下日本大学入学考试的变革与现状[J].复旦教育论坛,2007,(1):68-73.

[41]王丽燕.日本大学招生制度改革及其发展趋势述评[J].教育科学,2008,(4):86-89.

[42]王大军.日本流行"高大协作"大学课堂向高中生开放[N].西藏日报,2003-02-20,(2).

[43]刘军国,万宇,吴成良.日本再拿教科书挑衅邻国[N].人民日报,2014-01-12.

[44]郭振有.校园欺侮的根源——读日本学者《共生的理想》[N].中国教育报,2002-10-29,(6).

[45]林泉忠.从大选承诺到日本学费全免[N].新闻晚报,2010-4-2.

[46]中国教育新闻网.日本教育重建委员会:紧急出招治理校园欺凌[EB/OL].http://www.jyb.cn/xwzx/gjjy/gjgc/t20061206_53194.htm/2006-12-06.

[47]新华网.校园欺凌 日本学校难解问题[EB/OL]. http://news.xinhua-net.com/world/2007-02/12/content_5727480.htm/2007-02-12

[48]日本新华侨报网.日本增派千余名校内辅导员 面向校园欺凌事件"宣战"[EB/OL]. http://www.jnocnews.jp/news/show.aspx? id=57317/2012-08-31.

[49]中国教育新闻网.各国对校园欺凌态度:零容忍[EB/OL]. http://www.jyb.cn/xwzx/gjjy/gjgc/t20070314_70198.htm

[50]凤凰卫视.日本努力确保中小学生用餐安全[EB/OL].http://news.sina.com.cn/society/1999-11-13/31226.html

[51]国际在线.青少年网络欺凌问题与防范对策[EB/OL]. http://gb.cri.cn/27824/2011/11/03/5551s3424348.htm/2011-11-03.

[52]叶雨.日本拟实施免费高中[EB/OL]. http://yoko24.blog.163.com/blog/static/1676720202009825928084/

［53］新浪．日本：采取间接方式实现高中无偿化制度［EB/OL］．http://bj.
house.sina.com.cn

［54］齐藤刚史．"高中无偿化"的具体内容［EB/OL］．http://www.dltcedu.
org/index_5/html/25256.shtml

［55］新浪教育．日本或于2014年实施高中教育免费计划［EB/OL］．ht-
tp://edu.sina.com.cn/a/2013－05－13/1526228244.shtml

［56］人民网（日本语版）．日本小学万花筒［EB/OL］．http://japan.people.
com.cn/zhuanti/xiaoxue－4.html /2001-07-30.

（二）日文文献

［1］日本广岛大学附属福山中・高等学校著，角屋重树监修．「综合学习时
间的评价」［M］．东京：东洋馆出版社，2002.

［2］文部科学省研究开发学校・滋贺大学教育学部附属学校．「"今を生き
る"教育の充实と创造」［Z］．2002.

［3］黒沢惟昭．大学の個性化と総合化－公正な競争とコンソーシアム構
想－［J］．長野大学紀要，2010，（12）：47-61.

［4］吉田武大，清水一彦．高大連携に関する調査研究：連絡協議会の設置
と運用［J］．教育制度研究紀要，2004，（5）.

［5］文部科学省．学校給食法［EB/OL］．http://www.mext.go.jp/

［6］文部科学省．学校給食実施状況調査［EB/OL］．http://www.mext.go.jp/

［7］文部科学省．学校基本調査－平成22年度（速報）結果の概要（初等中
等教育機関，専修学校・各種学校）［EB/OL］. http://www.mext.go.jp/b_
menu/toukei/chousa01/kihon/kekka/k_detail/1296403.htm.

［8］文部科学省．学校教員統計調査－平成22年度（確定値）結果の概要
［EB/OL］.http://www.mext.go.jp/

［9］文部科学省．学制百二十年史［第三編 第一章 第三節 三臨時教育審議
会の答申］［EB/OL］. http://www.mext.go.jp/b_menu/hakusho/html/oth-
ers/detail/1318297.htm/2014-05-10.

［10］文部科学省．小学校学習指導要領［EB/OL］．http://www.mext.go.
jp/a_menu/shotou/new－cs/news/080216/002.pdf/2014-05-14.

［11］文部科学省．中学校学習指導要領［EB/OL］．http://www.mext.go.
jp/a_menu/shotou/new－cs/news/080216/003.pdf/2014-05-14.

［12］文部科学省.高等学校学習指導要領案［EB/OL］.http://www.mext.
go.jp/a_menu/shotou/new−cs/news/081223/002.pdf/2014-05-06.

［13］文部科学省.学校給食費調査［EB/OL］.http://www.mext.go.jp/

［14］文部科学省.2011年学校基本調査［EB/OL］.http://www.mext.go.jp/

［15］文部科学省.中央教育審議会—後期中等教育の拡充整備について
（答申）［EB/OL］.www.mext.go.jp/b_menu/shingi/chuuou/toushin/661001.
htm/2013-07-16.

［16］文部科学省.学制百二十年史［第三編 第一章 第三節 三臨時教育審
議会の答申］［EB/OL］. http://www.mext.go.jp/b_menu/hakusho/html/hp-
bz199201/hpbz199201_2_061.html/2013-07-16.

［17］文部科学省.中央教育審議会—新しい時代に対応する教育の諸制度
の改革について（答申）［EB/OL］. http://www.mext.go.jp/b_menu/shingi/
old_chukyo/old_chukyo_index/toushin/1309574.htm/2013-07-16.

［18］文部科学省.平成25年度学校基本調査—調査結果の概要（初等中等
教育機関、専修学校・各種学校）［EB/OL］. http://www.mext.go.jp/b_men-
u/houdou/25/08/attach/1338337.htm/2013-08-10.

［19］文部科学省.高等学校教育の改革に関する推進状況（平成24年度
版）［EB/OL］. http://www.mext.go.jp/b_menu/houdou/24/11/1328552.
htm/2013-07-16.

［20］文部科学省.高等学校学習指導要領解説［EB/OL］.http://www.
mext.go.jp/a_menu/shotou/new−cs/youryou/1304427.htm/2013-08-15.

［21］文部科学省.高等学校教育改革の推進に関する調査研究事業（平成
24年度）［EB/OL］.http://www.mext.go.jp/a_menu/shotou/kaikaku/seido/
1321484.htm/2013-08-16.

［22］文部科学省.総合学科の在り方に関する調査研究［EB/OL］.http://
www.mext.go.jp/a_menu/shotou/kaikaku/seido/1321627.htm/2013-08-16.

［23］文部科学省. 学校基本調査——基礎教育［EB/OL］. http://www.
mext.go.jp/

［24］文部科学省.平成22年度「児童生徒の問題行動等生徒指導上の諸問
題に関する調査」について［EB/OL］.http://www.mext.go.jp/.

［25］文部科学省.学習指導要領の変遷［EB/OL］.http://www.mext.go.
jp/b_menu/shingi/chukyo/chukyo3/004/siryo/__icsFiles/afieldfile/2011/04/
14/1303377_1_1.pdf.

[26]文部科学省.高等学校学習指導要領のこれまでの改訂の経緯[EB/OL]. http://www.mext.go.jp/b_menu/shingi/chukyo/chukyo3/028/siryo/06041807/008/005.htm.

[27]文部科学省.新学習指導要領の基本的な考え方[EB/OL]. http://www.mext.go.jp/a_menu/shotou/new-cs/idea/index.htm/2013-08-25.

[28]文部科学省.平成22年度国公立大学入学者選抜の概要[EB/OL]. http://www.mext.go.jp/b_menu/houdou/21/08/1286546.htm/2010-4-10.

[29]独立行政法人大学入試センター.平成26年度センター試験実施要項[EB/OL]. http://www.dnc.ac.jp/albums/abm.php? f=abm00001430.pdf&n=20140206_presskekkagaiyou.pdf/2014-05-10.

[30]独立行政法人大学入試センター.平成22年度センター試験利用大学・短期大学[EB/OL]. http://www.dnc.ac.jp/center_exam/22exam/riyou.html/2010-4-10.

[31]国立教育政策研究所.学級経営をめぐる問題の現状とその対応[EB/OL].https://www.nier.go.jp/kankou_kouhou/124komatsu.htm/1999.

[32]東京大学.平成26年度東京大学入学者募集要項[EB/OL].http://www.u-tokyo.ac.jp/stu03/pdf/boshuuyoukouH26.pdf/2014-05-10.

[33]早稲田大学学部入試概要[EB/OL] http://www.waseda.jp/nyusi/gakubu/index.html#02/2010-01-10.

[34]長野県短期大学[EB/OL]. http://www.nagano-kentan.ac.jp/2010-03-31.

[35]横浜市教育委員会.「児童・生徒指導の手引」—いわゆる「学級崩壊」[EB/OL]. http://www.city.yokohama.lg.jp/kyoiku/sidou1/jidoseito/pdf/shido-tebiki-12.pdf/2008.

[36]東京都立飛鳥高等学校.教育課程の特長[EB/OL].http://www.asuka-h.metro.tokyo.jp/cms/html/entry/27/35.html/2014-05-12.

[37]さいたま市立浦和高等学校.教育課程[EB/OL]. http://urawashi-h.ed.jp/e-policy/e-level/2014-05-10.

[38]純心中学校・純心女子高等学校.高校の教育[EB/OL].http://www.n-junshin.ed.jp/modules/high/index.php? content_id=1/2014-05-10.

[39]純心中学校・純心女子高等学校.高校の教育[EB/OL].http://www.n-junshin.ed.jp/modules/high/index.php? content_id=1/2014-05-10.

[40]同志社高等学校.カリキュラム[EB/OL]. http://www.js.doshisha.

ac.jp/high/Campus－Life/curriculum.html/2014-05-10.

　[41]東京都立国立高等学校.教育課程[EB/OL]. http：//www.kunitachi
－h.metro.tokyo.jp./cms/html/entry/20/5.html/2014-05-10.

　[42]きのくに子どもの村学園.きのくに子どもの村学園とは[EB/OL].
http：//www.kinokuni.ac.jp/

　[43]木更津総合高等学校.学校の特色[EB/OL].http：//www.kimigaku.
ed.jp/sohgoh/intro/character.html/2014-05-10.

西南师范大学出版社
《名师工程》系列丛书目录

系列	序号	书　　名	作者	定价
鲁派名师探索者系列·教育名师	1	《追问历史教学之道》	钟红军	36.00
	2	《灵动英语课——高效外语教学氛围创设艺术》	邵淑红	30.00
	3	《校园，幸福教育的栖居》	武际金	30.00
	4	《复调语文——尊重生命自我成长的语文教学》	孙云霄	30.00
	5	《智趣数学课——在情感深处激发学生的数学智能》	王冬梅	30.00
	6	《高品位"悦读"——让情感与心灵更愉悦的阅读教学》	马彩清	30.00
	7	《品诵教学——感悟母语神韵的阅读教学》	侯忠彦	30.00
	8	《智趣化学课——在快乐中提升学生的科学素养》	张利平	30.00
码名师解系列	9	《教育需要播种温暖——谢文东与儒雅教育》	余　香　陈柔羽　王林发	28.00
	10	《为了未来设计教育——梁哲与探究教育》	冼柳欣　肖东阳　王林发	28.00
	11	《真心是教育的底色——谭永焕与真心教育》	谭永焕　温静瑶　王林发	28.00
	12	《做超越自我的教师——刘海涛与创新教育》	王林发　陈晓凤　欧诗停	28.00
	13	《打造灵动的教育场——张旭与情感教育》	范雪贞　邹小丽　王林发	28.00
堂高效课系列	14	《让数学课堂更高效——教研员眼中的教学得失》	朱志明	30.00
	15	《从教会到教慧——小学生数学学习能力的培养艺术》	滕　云	30.00
	16	《用什么提高课堂效率——有效数学课必须关注的10大要素》	赵红婷	30.00
	17	《让作文更轻松——小学作文高效教学36锦囊》	李素环	30.00
	18	《让研究性学习更高效——研究性学习施教指导策略》	欧阳仁宣	30.00
	19	《让母语融入学生心灵——提升学生语文素养的高效施教艺术》	黄桂林	30.00
创新课堂系列	20	《小学语文"三环节"阅读教学法——自学、读讲、实践》	薛发武	30.00
	21	《个性化课堂教学艺术：小学语文》	商德远	30.00
	22	《如何实现三维目标——让学生与文本共鸣的诵读教学》	张连元	30.00
	23	《想说　会说　有话可说——突破作文瓶颈的三维教学法》	杨和平	30.00
	24	《综合课的整合创新教学》	周辉兵	30.00
	25	《如何打造学生喜欢的音乐课堂》	张　娟	30.00
	26	《理想课堂的构建与实施——一个教研员眼中的理想课堂》	张玉彬	30.00
	27	《小学语文：决定教学质量的关键策略》	李　楠	30.00
	28	《用〈论语〉思想提升数学教育智慧》	胡爱民	30.00
	29	《童化作文——浸润儿童心灵的作文教学》	吴　勇	30.00
系名校列	30	《人本与生本：管理与德育的双重根基》	广州市广外附设外语学校	30.00
	31	《生本与生成：高效教学的两轮驱动》	广州市广外附设外语学校	30.00
	32	《世界视野与现代意识：校本课程开发的二元思维》	广州市广外附设外语学校	30.00
	33	《让每个生命都精彩——生命教育校本实践策略》	王鹏飞	30.00
	34	《好学校，从关注每个学生开始——石梅小学优质教育多元感悟》	顾　泳　张文质	30.00

系列	序号	书　　名	作者	定价
思想者系列	35	《回归教育的本色》	马恩来	30.00
	36	《守护教育的本真》	陈道龙	30.00
	37	《教育，倾听心灵的声音》	李荣灿	30.00
	38	《心根课堂——让教育随学生心灵起舞》	刘云生	30.00
	39	《做一个纯粹的教师》	许丽芬	26.00
	40	《率性教书》	夏　昆	26.00
	41	《为爱教书》	马一舜	26.00
	42	《课堂，诗意还在》	赵赵（赵克芳）	26.00
	43	《今日教育之民间立场》	子虚（扈永进）	30.00
	44	《教育，细节的深度反思》	许传利	30.00
	45	《追寻教育的真谛——许锡良教育思考录》	许锡良	30.00
	46	《做爱思考的教师》	杨守菊	30.00
鲁派名校探索者·教育名校系列	47	《博弈中的追求——一位中学校长的"零"作业抉择》	李志欣	30.00
	48	《大教育视野下的特色课程构建——海洋教育的开发实施》	白刚勋	30.00
名师教学手记系列	49	《唤醒生命的对话——孙建锋语文教学手记》	孙建锋	30.00
	50	《让作文教学更高效——王学东写作教学手记》	王学东	30.00
名校长核心思想系列	51	《智圆行方——智慧校长的50项管理策略》	胡美山　李绵军	30.0
	52	《做一个智慧的校长》	孙世杰	30.00
	53	《成为有思想的校长》	赵艳然	30.00
创新班主任系列	54	《班主任专业化成长策略》	杨连山	30.00
	55	《班级活动创新与问题应对》	杨连山　杨照　张国良	30.00
	56	《班集体建设与创新人才培养》	李国汉	30.00
	57	《神奇的教育场——打造特色班级文化创新艺术》	李德善	30.00
教研提升系列	58	《校本教研的7个关键点》	孙瑞欣	30.00
	59	《教师怎样做小课题研究——高效助力教师专业化成长》	徐世贵　刘恒贺	30.00
	60	《今天我们应怎样评课》	张文质　陈海滨	30.00
	61	《今天我们应怎样进行教学反思》	张文质　刘永庠	30.00
	62	《一节好课需要的教育智慧》	张文质　姚春杰	30.00
优化教学系列	63	《高效教学组织的优化策略》	赵雪霞	30.00
	64	《高效教学方法的优化策略》	任　辉	30.00
	65	《高效教学过程的优化策略》	韩　锋	30.00
	66	《让教学更生动——激发兴趣让学生快乐认知》	朱良才	30.00
	67	《让教学更高效——策略创新让教学事半功倍》	孙朝仁	30.00
	68	《让教学更开放——拓展延伸让学生触类旁通》	焦祖卿　吕　勤	30.00
	69	《让教学更生活——体验运用让学生内化知识》	强光峰	30.00
	70	《让知识更系统——整合与概括学生建构体系》	杨向谊	30.00
	71	《让思维更创新——思辨与发散让学生思维活跃》	朱良才	30.00

系列	序号	书　　　名	作者	定价
创新语文教学系列	72	《曹洪彪新概念快速作文》	曹洪彪	30.00
	73	《小学语文：享受对话教学》	孙建锋	30.00
	74	《小学语文：名师教学目标落实艺术》	刘海涛　王林发	30.00
	75	《小学语文：名师魅力教学设计艺术》	刘海涛　王林发	30.00
	76	《小学语文：名师魅力课堂激趣艺术》	刘海涛　豆海湛	30.00
	77	《小学语文：单元整体教学构建艺术》	李怀源	30.00
	78	《小学作文：名师情趣课堂创设艺术》	张化万	30.00
名师名课系列	79	《名师如何炼就名课》（美术卷）	李力加	35.00
成长教师系列	80	《做会研究的教师》	姚小明	30.00
	81	《学学名师那些事》	孙志毅	30.00
	82	《给新教师的建议》	李镇西	30.00
	83	《教师心灵读本：成为有思想的教师》	肖　川	30.00
	84	《教师心灵读本：教师，做反思的实践者》	肖　川	30.00
提升幼师系列	85	《全国优秀幼儿健康教育活动课例评析》	教育部教育管理信息中心	30.00
	86	《全国优秀幼儿艺术教育活动课例评析》	教育部教育管理信息中心	30.00
	87	《全国优秀幼儿社会教育活动课例评析》	教育部教育管理信息中心	30.00
	88	《全国优秀幼儿语言教育活动课例评析》	教育部教育管理信息中心	30.00
	89	《全国优秀幼儿科学教育活动课例评析》	教育部教育管理信息中心	30.00
教师修炼系列	90	《班主任工作行为八项修炼》	杨连山	30.00
	91	《教师心理健康六项修炼》	李慧生	30.00
	92	《教师专业化五项修炼》	杨连山　田福安	30.00
	93	《课堂教学素养五项修炼》	刘金生　霍克林	30.00
	94	《高效教学技能十项修炼》	欧阳芬　诸葛彪	30.00
	95	《教师新师德六项修炼》	王毓珣　王颖	30.00
创新数学教学系列	96	《小学数学：名师教学目标落实艺术》	余文森	30.00
	97	《小学数学：名师高效教学设计艺术》	余文森	30.00
	98	《小学数学：名师易错问题针对教学》	余文森	30.00
	99	《小学数学：名师魅力课堂激趣艺术》	余文森	30.00
	100	《小学数学：名师同课异教》	林高明　陈燕香	30.00
	101	《小学数学：名师抽象问题艺术教学》	余文森	30.00
教育心理系列	102	《做最好的心理导师——中学生心理健康咨询手册》	杨　东	30.00
	103	《每天学点教育心理学》	石国兴　白晋荣	30.00
	104	《学生心理拓展训练与指导》	徐岳敏	30.00
	105	《好心态成就好学生——学生心理问题剖析与对症教育》	李韦遵	30.00
教育通识系列	106	《用心做教师——青年教师快速成长的十大定律》	王福强	30.00
	107	《做最受学生欢迎的老师》	赵馨　许俊仪	30.00
	108	《做有策略的校长——经典寓言与学校管理智慧》	宋运来	30.00
	109	《做有策略的教师——经典故事中的教育启示》	孙志毅	30.00
	110	《从学生那里学教书》	严育洪	30.00
	111	《突破平庸——提升教育质量的31个跳板》	严育洪	30.00
	112	《教育，诗意地栖居》	朱华忠	30.00
	113	《好班规打造好班级》	赵　凯	30.00
	114	《做学生成长的引领者——学生终身成长的素质培养》	田祥珍	30.00
	115	《如何管出好班级——突破班级管理的四大瓶颈》	刘令军	30.00
	116	《青春期性教育教师实用手册》	闵乐夫	30.00

系列	序号	书　　　名	作者	定价
高中新课程系列	117	《高中新课程：教师角色转变细节》	缪水娟	30.00
	118	《高中新课程：班主任新兵法细节》	李国汉　杨连山	30.00
	119	《高中新课程：教学管理创新细节》	陈　文	30.00
	120	《高中新课程：更有效的评价细节》	李淑华	30.00
教学新突破系列	121	《把教学目标落到位——名师优质课堂的效率管理》	冯增俊	30.00
	122	《拿什么调动学生——名师生态课堂的情绪管理》	胡　涛	30.00
	123	《零距离施教——名师和谐师生关系的构建艺术》	贺　斌	30.00
	124	《一个都不能落——名师提升学困生的针对教学》	侯一波	30.00
	125	《让学习变得更轻松——名师最能吸引学生的情境设计》	施建平	30.00
	126	《让知识变得更易学——名师改造难学知识的优化艺术》	周维强	30.00
名师讲述系列	127	《施教先施爱——名师讲述班主任的核心教导力》	杨连山　魏永田	30.00
	128	《在欢乐中成长——名师讲述最具活力的课堂愉快教学》	王斌兴	30.00
	129	《让学生做自己的老师 ——名师讲述如何提升学生自主学习能力》	徐学福　房　慧	30.00
	130	《引领学生高效学习 ——名师讲述如何提高学生课堂学习效率》	刘世斌	30.00
	131	《教育从心灵开始——名师讲述最能感动学生的心灵教育》	张文质	30.00
教育细节系列	132	《名师最具渲染力的口才细节》	高万祥	30.00
	133	《名师最有效的沟通细节》	李　燕　徐　波	30.00
	134	《名师最有效的激励细节》	张　利　李　波	30.00
	135	《名师培养学生好习惯的高效细节》	李文娟　郭香萍	30.00
	136	《名师人格教育的经典细节》	齐　欣	30.00
	137	《名师营造课堂氛围的经典细节》	高帆　李秀华	30.00
	138	《名师最有效的赏识教育细节》	李慧军	30.00
	139	《名师最有效的批评细节》	沈　旎	30.00
教育管理力系列	140	《名校激励管理促进力》	周　兵	30.00
	141	《名校安全管理执行力》	袁先潋	30.00
	142	《名校师资团队建设力》	赵圣华	30.00
	143	《名校危机管理应对力》	李明汉	30.00
	144	《名校校本研究创新力》	李春华	30.00
	145	《学校文化力建设策略》	袁先潋	30.00
	146	《名校长核心教育力》	陶继新	30.00
	147	《名校长高绩效领导力》	周辉兵	30.00
	148	《名校行政管理细节力》	杨少春	30.00
	149	《名校教学管理提升力》	张　韬　戴诗银	30.00
	150	《名校学生管理教导力》	田福安	30.00
	151	《名校校园文化构建力》	岳春峰	30.00
大师讲坛系列	152	《大师谈教育心理》	肖　川	30.00
	153	《大师谈教育激励》	肖　川	30.00
	154	《大师谈教育沟通》	王斌兴　吴杰明	30.00
	155	《大师谈启蒙教育》	周　宏	30.00
	156	《大师谈教育管理》	樊　雁	30.00
	157	《大师谈儿童人格塑造》	齐　欣	30.00
	158	《大师谈儿童习惯培养》	唐西胜	30.00
	159	《大师谈儿童能力培养》	张启福	30.00
	160	《大师谈早恋与性教育》	闵乐夫	30.00
	161	《大师谈儿童情感教育》	张光林　张　静	30.00

系列	序号	书　　　名	作者	定价
教学提升系列	162	《方法总比问题多——名师转变棘手学生的施教艺术》	杨志军	30.00
	163	《用特色吸引学生——名师最受欢迎的特色教学艺术》	卞金祥	30.00
	164	《让学生爱上课堂——名师高效课堂的引导艺术》	邓　涛	30.00
	165	《拿什么打开思路——名师最吸引学生的课堂切入点》	马友文	30.00
	166	《没有记不牢的知识——名师最能提升学生记忆效果的秘诀》	谢定兰	30.00
	167	《让学生的思维活起来——名师最激发潜能的课堂提问艺术》	严永金	30.00
国际视野系列	168	《行走在日本基础教育第一线》	李润华	30.00
	169	《润物细无声》	赵荣荣　张　静	38.00
	170	《不让一个学生掉队——国际视野下的教育均衡实践》	乔　鹤	28.00
	171	《从白桦林到克里姆林宫——俄罗斯中小学教育纪实》	赵　伟	38.00